EL ÁLBUM FAMILIAR
—
BAJARSE AL MORO

LITERATURA / CONTEMPORÁNEOS

ESPASA CALPE

J. L. ALONSO DE SANTOS
EL ÁLBUM FAMILIAR
—
BAJARSE AL MORO

Edición
Andrés Amorós

COLECCIÓN AUSTRAL
ESPASA CALPE

Primera edición: 15-IX-1992
Quinta edición: 1-X-1996
—

© *José Luis Alonso de Santos, 1984, 1985, 1996*

© *De esta edición: Espasa Calpe, S. A., Madrid, 1996*
—

Maqueta de cubierta: Toño Rodríguez/Índigo, S. L.
Ilustración portada: Fuencisla del Amo y Francisco Solé
—

Depósito legal: M. 27.881—1996

ISBN 84—239—7260—7

Reservados todos los derechos. No se permite reproducir, almacenar en sistemas de recuperación de la información ni transmitir alguna parte de esta publicación, cualquiera que sea el medio empleado —electrónico, mecánico, fotocopia, grabación, etc.—, sin el permiso previo de los titulares de los derechos de la propiedad intelectual.

Impreso en España/Printed in Spain
Impresión: UNIGRAF, S. L.

Editorial Espasa Calpe, S. A.
Carretera de Irún, km 12,200. 28049 Madrid

ÍNDICE

INTRODUCCIÓN de Andrés Amorós	9
I. El autor	9
Del teatro independiente al comercial	9
Datos biográficos	12
Un hombre de teatro	15
II. «El álbum familiar»	21
III. «Bajarse al moro»	33
BIBLIOGRAFÍA	43
NUESTRA EDICIÓN	47

EL ÁLBUM FAMILIAR

Escena primera	53
Escena segunda	65
Escena tercera	75
Escena cuarta	85
Escena quinta	93
Escena sexta y última	105

BAJARSE AL MORO

Acto primero	117
Acto segundo	159
GLOSARIO	185

INTRODUCCIÓN

*A Andrés Manuel, Antonio,
María y Víctor.*

I. EL AUTOR

Del teatro independiente al comercial

El 26 de octubre de 1982 me parece una fecha importante en la historia del nuevo teatro español. Se inauguraba ese día la temporada oficial en el Centro Dramático Nacional (Teatro María Guerrero de Madrid), dirigido entonces por José Luis Alonso.

Para ese acontecimiento, no se había elegido a ningún clásico, nacional o extranjero, sino la obra de un joven autor español: EL ÁLBUM FAMILIAR, de José Luis Alonso de Santos, casi homónimo del rector del centro. La cartelera se completaba, en programación nocturna, con otro estreno de un nuevo autor: *Vade retro!,* de Fermín Cabal.

Tenía todo esto —me parece— un cierto valor simbólico. Alonso de Santos y Fermín Cabal eran dos de los más destacados miembros del teatro independiente madrileño. Aquellos estrenos, que antecedían a la versión dramática de *La Dorotea,* de Lope de Vega, venían a significar, pues, algo así como el pleno reconocimiento y aceptación oficiales de lo mejor de aquel movimiento independiente; a la vez, en cierto modo, su acta de defunción.

Evidentemente, como cantaba Bob Dylan, *los tiempos estaban cambiando:* en el teatro y en la sociedad española.

Recordemos con la máxima brevedad: el llamado teatro independiente había nacido como un movimiento de renovación, a la vez social y teatral. (Los paralelismos con la poesía y novela sociales son claros, dentro de las diferencias que imponen los distintos lenguajes artísticos.)

Se oponía el teatro independiente a una forma de hacer teatro considerada «comercial», «burguesa» y estereotipada. Y, por supuesto, a una situación social y política.

Además del permanente espíritu crítico, el teatro independiente generó una peculiar estética, nacida, en parte, de las condiciones mismas de su existencia: autoría colectiva, menor importancia del texto, auge de la expresión corporal, «teatro pobre», trucos para burlar la censura, renovación del lenguaje escénico... En algunos casos, podía llegarse al extremo de la «comuna» teatral y no teatral.

No cabe duda de que este teatro independiente significó una importante renovación en nuestra vida escénica, produjo grupos y espectáculos verdaderamente memorables. Sin embargo, su vigencia fue limitada.

Es ley de vida: después de 1975, en la nueva etapa democrática, sus presupuestos sociales y políticos habían perdido gran parte de su fundamento. Lo mismo había sucedido con alguna de sus bases estéticas: se volvía al teatro de texto, de autor, y a la especialización profesional; se aspiraba ya a la estabilidad, uniendo la moda reciente de los teatros estables con la nostalgia, más o menos confesada, de las tradicionales compañías, que permitían la creación de un estilo propio, individualizado...

La formación de grupos estables se ha producido con especial brillantez en tierras catalanas, donde la tradición teatral tiene rasgos peculiares, apoyada en el nacionalismo lingüístico. Han surgido, así, espléndidas compañías, no igualadas en el resto de España: Teatre Lliure, Joglars, Comediants, Dagoll-Dagom, Tricicle, La fura dels Baus...

En Madrid no se ha logrado esto pero sí algo igualmente importante: el paso a la plena profesionalidad de muchos hombres y mujeres del teatro que se formaron en el duro yunque del teatro independiente.

Resumía así el fenómeno el propio Alonso de Santos, en charla con su amigo y compañero Fermín Cabal:

«La gente que en aquellos primeros momentos se integró en los grupos es la que constituye ahora la vanguardia renovadora del teatro español. Hay diez o doce personas muy significativas en nuestro teatro que parten de ese momento, pongo por ejemplo a José Carlos Plaza, Margallo, Ángel Facio, tú mismo, Gloria Muñoz, Santiago Ramos, Alberto Miralles, Boadella, Carlos Sánchez, Joan Font Malonda, Matilla, Llopis, Paca Ojea, Jesús Sastre, Luis Vera..., hablo de actores, autores, directores, todo un poco mezclado, que también eso ha sido característica de esa época... Gente que oscila entre los treinta y tantos y los cuarenta y tantos años, diez años más o menos, que integran a un grupo de gente con muchas afinidades... *Todos han pasado por el teatro independiente* en un momento determinado de la vida y participan de concepciones cooperativistas, democráticas, abiertas..., gente con gran curiosidad, con ideales políticos y humanos que suponen una cierta ruptura con lo anterior perfectamente detectable, y todo dentro de una gama muy amplia de estéticas... Pero con planteamientos claramente distintos de los que se pueden haber hecho gentes de la generación anterior»[1].

Así pues, aquellos estrenos en el María Guerrero suponían, en cierto sentido, el final de una época: la del teatro independiente, aceptado ya por el máximo organismo oficial de la escena. Y el comienzo de otra, en la que sus miembros más destacados pasarían a integrarse en el llamado teatro comercial, público o no.

---

[1] José Luis Alonso de Santos, en Fermín Cabal y J. L. Alonso de Santos, *Teatro español de los 80,* Madrid, ed. Fundamentos, 1985, págs. 148-149. Este libro de entrevistas, publicadas primero en la revista *Primer Acto,* muestra la herencia del teatro independiente.

Téngase en cuenta, por ejemplo, que hoy mismo, en octubre de 1991, José Carlos Plaza dirige el Centro Dramático Nacional, y Lluís Pasqual, el Théatre de l'Europe, en París. (Los dos aparecían, en el volumen de entrevistas que acabo de mencionar, como representantes del teatro independiente.)

Para muchos críticos, Alonso de Santos y Fermín Cabal fueron las primeras revelaciones del posfranquismo. Su trayectoria profesional ha sido distinta: después de algunos éxitos importantes *(Tú estás loco, Briones; Esta noche, gran velada...),* Fermín Cabal parece haberse desengañado un poco ante los problemas que plantea nuestra organización teatral y se ha dedicado más al cine y la televisión. Alonso de Santos, en cambio, ha consolidado una carrera muy sólida como autor teatral de éxito, dentro y fuera de España.

Datos biográficos

Unos datos escuetos, casi telegráficos, nos servirán para recordar los momentos más destacados de su carrera [2].

Nace José Luis Alonso de Santos en Valladolid, en 1942. Desde 1959 vive en Madrid, donde se licencia en Ciencias de la Información (Imagen) y Filosofía y Letras (Psicología).

A la vez, inicia su aprendizaje en el Teatro Estudio de Madrid, con maestros como Miguel Narros, Maruja López y William Layton. Este último, sobre todo, ha desempeñado una importante labor como maestro de muchos hombres de teatro actuales, a los que transmitió, básicamente, la enseñanza del «Método» de Stanislawski [3].

---

[2] Los tomo de las biografías incluidas en las ediciones comentadas de sus obras, especialmente de las introducciones de María Teresa Oliveira *(Viva el Duque, nuestro dueño* y *La estanquera de Vallecas,* Madrid, ed. Alhambra, 1988) y Fermín Tamayo y Eugenia Popeanga (Madrid, ed. Cátedra, col. Letras Hispánicas, 1988).

[3] Véase William Layton, *¿Por qué? Trampolín del actor,* con la colaboración de José Carlos Plaza y Juan Antonio López Esteve, Madrid, ed. Fundamentos, 1990.

Su primera experiencia escénica importante es la participación, como actor, en el montaje de *Proceso por la sombra de un burro* (1964-1965), de Dürrenmatt, que supuso una notable novedad y alcanzó buen éxito.

A partir de entonces, su vida teatral se vincula a diversos grupos de teatro independiente: el TEI, Tábano (con Juan Margallo, Enriqueta Carballeira y Alberto Alonso). Pasa después a dirigir el Teatro Libre de Madrid, actuando, a la vez, como actor, director y autor. Recordemos su éxito en el montaje de *El horroroso crimen de Peñaranda del Campo,* de Pío Baroja.

Su compañero Fermín Cabal evoca así esta etapa: «Durante muchos años, José Luis Alonso de Santos fue para mí el director del Teatro Libre de Madrid, uno de esos grupos del esforzado teatro independiente, que se pateaban el mapa patrio cuando aún era todo heroico y preautonómico. Le recuerdo en las reuniones con las rodillas muy juntas y sobre ellas un cuaderno de notas en el que de vez en cuando apuntaba algo con una letra díscola, mordisqueando el bolígrafo y haciendo comentarios jocosos... Teatro Libre fue un grupo modesto, pero incansable. Pocos medios y mucha imaginación» [4].

Para este Teatro Libre, que él dirige, escribe su primera obra dramática, *¡Viva el Duque, nuestro dueño!,* estrenada en el Pequeño Teatro Magallanes —uno de los locales más activos del teatro independiente madrileño— el 9 de diciembre de 1975. Simbólicamente, la obra había sido inscrita en la Sociedad General de Autores el 19 de noviembre, la víspera de la muerte de Franco. Con esta visión paródica de nuestro Siglo de Oro, relacionable con el teatro menor, la picaresca y Cervantes, la compañía obtiene el Premio del Festival de Sitges.

También estrena el Teatro Libre su segunda obra, *Del laberinto al treinta* (1979), en la Sala Cadarso de Madrid. La

---

[4] Fermín Cabal, «José Luis Alonso de Santos», *Primer Acto,* Madrid, núm. 194, 1982, pág. 42. Es el número que publica el texto de *El álbum familiar,* con un artículo de José Monleón y una entrevista de Fermín Cabal.

siguen *El combate de Don Carnal y Doña Cuaresma,* premiada por Editorial Aguilar, y una obra infantil, *La verdadera y singular historia de la Princesa y el Dragón* (1980), estrenada en el Centro Cultural de la Villa de Madrid.

En noviembre de 1981, estrena en la sala El Gayo Vallecano *La estanquera de Vallecas,* su primer gran éxito, en la línea de un teatro popular y humorístico.

Después del ya citado ÁLBUM FAMILIAR, estrena el monólogo *El gran Pudini. (Alea jacta est)* (1982), en el antiguo cabaret madrileño El Molino Rojo, dentro del III Festival Internacional de Teatro de Madrid. En esta obra continúa su colaboración con Rafael Álvarez, *el Brujo.* Ese mismo año presenta, en el Teatro Romano de Mérida, *Golfus de Emérita Augusta.*

En 1985, se reponen *¡Viva el Duque, nuestro señor!,* en el Templo de Debod, y *La estanquera de Vallecas,* en el Teatro Martín, ahora con la actriz Conchita Montes, en un papel muy alejado de los suyos habituales. Ese mismo año, su obra *Fuera de quicio* gana el premio Zorrilla y, sobre todo, se consagra con el estreno de BAJARSE AL MORO (en el Teatro Principal de Zaragoza, el 6 de marzo; en el Teatro Bellas Artes de Madrid, el 6 de septiembre).

Ese año —crucial para nuestro autor— el Premio Nacional de Teatro se concede a Alfonso Sastre y José Luis Alonso de Santos, destacando a dos autores de distintas generaciones. Al año siguiente obtendrá también el Premio Mayte.

De 1986 es el espectáculo *¡Viva la ópera!,* sobre músicas de Donizetti; una adaptación de Moreto, *No puede ser... el guardar una mujer* (en el Festival de Teatro Clásico de Almagro) y el estreno de *La última pirueta,* dirigida por José Luis Alonso (en el Teatro Monumental, el 1 de julio). Este acercamiento al mundo del circo obtiene menor éxito de lo esperado.

En 1987 estrena *Fuera de quicio* (Teatro Reina Victoria) y su versión de *Los enredos de Scapin,* de Molière (Teatro Español).

En 1988 funda la productora teatral Pentación, con sus amigos Gerardo Malla, *el Brujo* y Tato Cabal, a la que sigue hoy vinculado. Con ella estrena *Pares y nines* (Teatro Infanta Isabel, 20 de enero), un nuevo y rotundo éxito. Una tonalidad más dramática posee *Trampa para pájaros,* estrenada el 13 de diciembre de 1990.

Añadamos a todo eso que Alonso de Santos es, desde 1978, profesor de Interpretación de la Escuela Superior de Arte Dramático de Madrid, tarea que le apasiona. Y, desde 1980, miembro del Consejo de Redacción de la revista *Primer Acto,* en la que ha publicado numerosos artículos sobre teatro.

Un hombre de teatro

Un tópico bien conocido nos dice que algunos de los mayores dramaturgos de la historia fueron hombres de teatro, que habían vivido por dentro todos los problemas materiales y toda la magia de la escena: Shakespeare, Molière, Brecht...

La experiencia cotidiana nos muestra claramente cómo la calidad literaria no basta para obtener la comunicación inmediata que el teatro exige: la misteriosa relación que se establece cada noche, la electricidad que envían los actores y la que les devuelven los espectadores, por encima de las simbólicas candilejas.

Sin establecer de ningún modo una comparación en cuanto al valor (sí en la línea), es indudable que Alonso de Santos es *un hombre de teatro,* más que un escritor o un intelectual.

Si no me equivoco, en el teatro lo ha hecho casi todo, además de escribirlo: interpretarlo, dirigirlo, enseñarlo, organizar la representación y recorrer con el autobús, como los cómicos de la legua, muchas carreteras españolas.

Indudable parece que todo ese aprendizaje ha de ser utilísimo a la hora de hacer vivir sobre las tablas un conflicto dramático y crear unos personajes creíbles. También lo es que muchas personas con amplia experiencia escénica han fracasado a la hora de la dificilísima tarea de llevar todo esto al papel.

Alonso de Santos posee —no cabe duda— esta doble cualidad, literaria y teatral. No me refiero a escribir «frases bonitas» ni a crear escenas efectistas o finales «en punta», como antes era habitual, sino a algo más complejo: para el espectador, que no nos aburramos, que nos sintamos prendidos en el conflicto, que no tosamos ni nos removamos con inquietud en la butaca; para los intérpretes, que se sientan cómodos con una psicología bien definida y un lenguaje que brota fácilmente, sin sensación de artificio.

«Carpintería», técnica, habilidad teatral... Algunos escritores fingen menospreciar estas cualidades, considerándolas menores. Cualquiera que haya intentado escribir para la escena sabe que no lo son, en absoluto; sin ellas, ni las ideas ni el estilo se tienen de pie, sobre el tablado de la antigua farsa.

Toda la crítica ha coincidido en apreciar, en Alonso de Santos, estas cualidades.

Un escritor tan inteligente y pesimista como Eduardo Haro Tecglen se apresura a proclamarlo:

«Había leído las obras que me dieron para el Premio Tirso de Molina: en la última encontré, o creí encontrar, la sustancia humeante del teatro. Es ésta: *Bajarse al moro,* de José Luis Alonso de Santos»[5].

Lo mismo afirma José Monleón:

«Si lo admiro es porque se trata de un hombre de teatro casi en estado puro (...). Es como si el autor de *El gran teatro del mundo* hiciera todos los personajes, vendiera las entradas y se enamorara de las actrices (...). ¿Cómo entender lo que ha escrito José Luis Alonso de Santos al margen de lo que ha dirigido, de su lucha en el teatro independiente o de lo que ha interpretado?»[6].

Ese «arte de comunicarse con el público» es lo que le define, según Eduardo Galán:

---

[5] Eduardo Haro Tecglen, «Prólogo» a José Luis Alonso de Santos, *Bajarse al moro,* Madrid, eds. Cultura Hispánica, Instituto de Cooperación Iberoamericana, 1985, págs. 7-8.

[6] José Monleón, «Alonso de Santos», *Primer Acto,* núm. 194, 1982, pág. 39.

«Tal vez su éxito resida en su extraordinaria capacidad para comunicarse con el público: Alonso de Santos tiene olfato escénico, sabe hablar de tú a tú al espectador y transmitirle sus emociones, sus sentimientos y sus opiniones»[7].

Tres críticos de sucesivas generaciones y diversos talantes coinciden en lo que consideran virtud básica del autor estudiado. No me parece que se equivoquen.

A las pruebas cabe remitirse. Alonso de Santos es, quizá, el único autor dramático que ha conseguido con toda facilidad dar el difícil paso del teatro independiente, crítico y minoritario, al éxito masivo, que permite —entre otras cosas— seguir estrenando.

Y todo esto —me importa mucho subrayarlo— lo ha conseguido sin traicionar de ninguna manera su trayectoria, sin disminuir su actividad crítica ni abaratar su creación estética: simplemente, con una evolución que refleja el *natural* proceso de maduración del hombre y del escritor —por este orden.

Quisiera que el lector se detuviera especialmente en esta creencia mía. No todos la comparten, por supuesto. En la miopía del mundillo literario español, el éxito suele bastar para ser descalificado. La envidia y la vejez de planteamientos suelen ser la causa de estos prejuicios.

Oigamos a un espectador privilegiado, su compañero Fermín Cabal, que, para mayor abundamiento, ha elegido un camino distinto. En el año 1982, escribió un prólogo a la primera edición de *La estanquera de Vallecas,* presentando a su autor en la línea del teatro popular actual. Cuatro años después, la obra vuelve a editarse, cuando Alonso de Santos es ya un autor de éxito, y Fermín Cabal se cree obligado a añadir un nuevo prólogo:

«Escucho a veces opiniones confundidas en torno a José Luis y su obra. Se le presenta, por ejemplo, como adalid de un teatro decididamente comercial. A ilustres inútiles de nues-

---

[7] Eduardo Galán, «Alonso de Santos o el arte de comunicarse con el público», en J. L. Alonso de Santos, *Pares y nines. Del laberinto al 30,* Madrid, ed. Fundamentos, col. Espiral/Teatro, 1991, pág. 7.

tra escena les he oído semejante barbaridad. Quizá crean sinceramente, contemplando las plateas vacías ante las que dilapidan las subvenciones, que el teatro popular no es más que un ente de razón y que cualquier concreción de esa idea no puede ser sino pura apariencia, por no decir trasunto diabólico. Y se olvidan de que José Luis ha velado sus armas durante veinte años en los circuitos independientes, haciendo un teatro que parecía imposible, pero que finalmente resultó ser lo más vivo de su época. Un teatro que algunos creyeron idealista, místico y filosófico de la miseria, pero que se alimentaba de todo lo contrario: pasión, compromiso con la realidad y goce de la vida»[8].

Es éste un debate que afecta a toda nuestra cultura, no sólo al mundo teatral. El propio Alonso de Santos había explicado con toda claridad su postura, que podemos compartir o no, pero no ignorar.

«Entre los autores españoles se ha dado durante mucho tiempo como moda la filosofía del fracaso. Ser autor, como ser pensador, escritor, poeta, era generalmente ser un hombre fracasado, porque el que triunfaba y el que llegaba y tal, era un poco el asimilado, etc. Hay polémicas famosas en torno a todo esto. Y se camuflaba esa falta de reconocimiento social a tu trabajo, merecido o no, con estar en los cenáculos de los filósofos del fracaso. En cambio, ahora, creo que la gente nueva no está por este régimen de cosas. Eso de escribir para guardarlo en el cajón, que te digan que eres un autor marginado, maldito, etc., ya no da gusto. Es una recompensa un poco estúpida. Hoy, si escribes, necesitas un reconocimiento de tu trabajo»[9].

Recordemos, en brevísima antología, algunas declaraciones programáticas de su autor. Ante todo, su impulso básico para escribir teatro es una discordancia con la realidad. No olvidemos que Alonso de Santos estudió Psicología y que

---

[8] Fermín Cabal, «Prólogo a la 2.ª edición», en J. L. Alonso de Santos, *La estanquera de Vallecas,* Madrid, eds. Antonio Machado, 1986, págs. 9-10.
[9] Alonso de Santos, *ob. cit.,* nota 1, págs. 145-146.

su humor apenas disimula una visión de los conflictos humanos bastante pesimista:

«Para mí el trabajo en el teatro es un intento de dar una respuesta poética a la angustia (...). Empecé a trabajar en el teatro para usarlo como unas gafas que me permitieran relacionarme con la realidad, protegerme de su luminosidad. Porque la realidad es tan compleja, tan distorsionada, tan brillante, tan caótica..., que directamente no podía con ella. Ante este caos de vivir, el teatro lo he puesto como intermedio entre la realidad y yo (...) quise expresar toda esa problemática, esa desproporción entre la voluntad y los hechos, ese andar dando vueltas como ciegos alrededor de una meta imposible. Ese tema que me inquietaba tanto, no lo encontraba y decidí escribirlo (...). Yo hago teatro para dar una respuesta a una situación que me desborda y al menos al escribirlo o al dirigirlo la entiendo, lo digiero un poco.»

Según eso, el teatro es «de todos los medios artísticos, el más inmediato y el más imposible». De vivir el teatro por dentro ha pasado Alonso de Santos a la tentación y el placer de crearlo, en soledad, mediante la escritura.

Escribir supone descubrir ahora otra magia: «la *magia de la literatura*». Y ese veneno resulta cada vez más atractivo:

«Para mí, la madurez en mi vida teatral sería un poco abandonar todas esas historias de actor y de director y de profesor de interpretación y todo eso, y dedicarme mucho más a escribir» [10].

Otro tema que me parece básico: la madurez supone aceptar como vehículo básico y actitud permanente el *humor*. No se trata de banalizar los temas ni frivolizarlos. Todo lo contrario.

A Alonso de Santos le ha interesado muchísimo, siempre, el teatro de humor. En sus comienzos, a veces, pudo adoptar la fórmula de la parodia o la caricatura, cercana a lo esperpéntico. Si no me equivoco, la madurez implica la aceptación de la realidad, por la vía del humor, que integra todas las contradicciones de los seres humanos.

---

[10] Alonso de Santos, *ob. cit.,* nota 1, págs. 152 y 154.

No quiero ponerme pedante ni «estupendo», como decía Valle-Inclán. Estoy aludiendo a algo que me parece evidente y que luego encontraremos en las dos obras de Alonso de Santos que vamos a leer: humor romántico, humor nostálgico de otra realidad, humor que disculpa y comprende las debilidades humanas... En vez de carcajada, sonrisa. Si los hombres no logran —no logramos— ser felices, nos queda al menos, siempre, el humor.

Esta actitud del autor va unida a la elección de un tipo de *personajes*. Al comienzo de su carrera, declaraba, con ángulos un poco hirientes:

«Al autor que esto suscribe —que presume de humilde cuna y condición— le es sumamente difícil poder escribir acerca de Dioses, Reyes, Nobles, Señores ni Burguesía acomodada, porque, la verdad, no los conoce —sólo los sufre—. Por eso anda detrás de los personajes que se levantan cada día en un mundo que no les pertenece buscando una razón para aguantar un poco más, sabiendo que hay que aferrarse a uno de los pocos troncos que hay en el mar —los barcos son de los otros—, si te deja el que está agarrado antes, porque, ¡ay!, ya no hay troncos libres» [11].

Insiste en ello al presentar su última obra:

«Me han interesado siempre los marginados como personajes de mi teatro» [12].

Marginados por la sociedad, marginados también por la edad, el dinero, la ideología, los sentimientos... No es sólo una cuestión de crítica social o política, como en los tiempos del teatro independiente, sino de algo mucho más amplio: esa insatisfacción radical de la que surge toda auténtica obra de arte.

Ese es el verdadero realismo español, que no debe identificarse con un naturalismo decimonónico ni con el costumbrismo superficial.

---

[11] J. L. Alonso de Santos, «Nota del autor», en *La estanquera de Vallecas,* Madrid, col. La Avispa, 1982, pág. 8.
[12] J. L. Alonso de Santos, «Nota del autor», en *Trampa para pájaros,* Madrid, eds. Marsó-Velasco, 1991, pág. 9.

Mira a su alrededor Alonso de Santos: a cualquiera de nosotros. «Cronista de ahora mismo» [13], lo ha definido Francisco Umbral, con su habitual agudeza. Por eso, por expresar fielmente, con humor, los conflictos de su tiempo, su obra puede perdurar.

II. «EL ÁLBUM FAMILIAR»

Ya he mencionado las circunstancias del estreno de esta obra. El reparto, por orden de intervención, fue el siguiente:

Yo	Manuel Galiana.
Padre	Fernando Delgado.
Madre	Lola Cardona.
Hermana mayor	Eloína Casas.
Abuela	Margarita García Ortega.
Hermano menor	Ayax Gallardo.
Vecina	Concha Hidalgo.
Practicante	José Vivó.
Maestro	Eduardo Calvo.
Ella	Isabel Gómez.
Tío Santo	Jorge Pondal.
Hermana menor	Nuria Gallardo.
Hermana mediana	Ana Cuadrado.
Novio militar	Miguel Zúñiga.
Revisor	Manuel Andrade.
Sacerdote	Ricardo Alpuente.
Guardia civil 1.º	Amador Castaño.
Guardia civil 2.º	José Segura.
Preso	Manolo Rosso.

EQUIPO ARTÍSTICO

Ayudante de dirección	Ángel Barreda.
Música	Mariano Díaz.
Escenografía y vestuario	José Luis Verdes.
Dirección	J. L. Alonso de Santos.

---

[13] Francisco Umbral en la nota al programa de *La estanquera de Vallecas* (Teatro Martín, 1985).

Posteriormente, la obra se estrenó en el Festival de Teatro Hispano de los Estados Unidos (mayo de 1987), y en la Comedia Nacional de Uruguay (18 de junio de 1988), dirigida por Eduardo Schinca.

En Montevideo, la obra obtuvo buen éxito y excelentes críticas. Recuerdo algunas frases:

«La metáfora del viaje vuelve a mostrar su clara efectividad sobre un público que no tarda en redescubrir su innata condición de eterno caminante. Que Alonso de Santos lo consiga con novedoso vuelo dramático y especial fascinación constituyen elementos para celebrar aquí y ahora (...). Ese universo tan español y al mismo tiempo tan universal (...). Un espectáculo pleno y enriquecedor como hacía tiempo no disfrutábamos» (*Últimas Noticias,* 21 de junio de 1988).

«Vida y muerte, realidad y fantasía, alegría y tristeza, la magia del pensamiento infantil y la reconstrucción del pasado vuelto a vivir, se dan la mano en este hermoso texto, muy bien estructurado, en el que cada espectador sabrá reconocer las leyes que a todos nos gobiernan desde lo hondo de nuestros sentimientos (...). La recomendamos como una propuesta que debe verse» (*El Día,* 21 de junio de 1988).

«Bien escrita, con recatados y bellos pasajes (...) constituye una alegoría sobre el poder y las relaciones familiares, presentada de modo muy teatral (...). Parece destinado a una larga permanencia en el cartel» (*La Mañana,* 21 de junio de 1988).

La crítica madrileña, en general, fue respetuosa pero señaló como posible defecto la dependencia de este espectáculo con respecto al de Tadeusz Kantor, *Wielopole, Wielopole,* que había visitado el mismo teatro, invitado también por José Luis Alonso, el año anterior. (Recuerdo muy bien la noche de la presentación y cómo nos deslumbró a todos, sin que el idioma polaco significara una barrera.)

Así escribió, por ejemplo, Eduardo Haro Tecglen:

«Era inevitable que la aparición de Kantor en el planeta teatral produjera aquí, donde hay tanta afición al remedo, a la fascinación y al agarrarse a lo bien hecho por otro para intentar el propio éxito, algún *Kantorcillo*. Era menos previsible que fuera a parar a esa trampa un autor de vena propia, y muy buena, como Alonso de Santos, que tiene verbo, agudeza, sentido teatral para la invención. Y ha sucedido. Con menos riqueza teatral, con menos fuerza literaria. Pero con sus personajes congelados, su imbricación de narración-acción-recuerdo-actualidad, sus muertos animados, sus vivos paralizados»[14].

Tratemos de aclarar un poco este punto, antes de seguir adelante. No es difícil señalar los detalles concretos que sitúan EL ÁLBUM FAMILIAR en la familia de *Wielopole, Wielopole*. El propio Alonso de Santos nos permite hacerlo con facilidad, ya que dedicó a este espectáculo un artículo, dentro del número consagrado a Kantor por la revista *Primer Acto*[15].

En él encontramos algunas frases de Kantor que parecen fácilmente aplicables a EL ÁLBUM FAMILIAR. Por ejemplo, su angustiada visión del mundo, congelada a través de una fotografía:

«Una fotografía de reclutas a punto de partir para el frente (...). Estos inquilinos clandestinos, posando para una fotografía, como muertos, entran precisamente en la historia y en la eternidad. Su dolorosa condición: vida que dura sólo ese singular momento, a través del milagroso y a la vez terrible y homicida proceso de la fotografía.»

En otro texto de Kantor aparece, incluso, el objeto simbólico que subirá al título de la obra de Alonso de Santos:

«Es la historia de mi familia. Pero NO los acontecimientos que están en *El álbum familiar* ni en los manuales de historia. No se trata de cosas estudiadas ni investigadas. Es más bien el estado de ánimo, de alma, la psicología de aquellos que pasan probándose una ropa, un traje de vestir, sin éxito...»[16].

En el comentario de Alonso de Santos he podido encontrar seis elementos que van a influir en su obra. Son éstos:

---

[14] Eduardo Haro Tecglen, *El País*, Madrid, 28 de octubre de 1982.
[15] «Poética e historia de un artista revolucionario: Kantor», *Primer Acto*, núm. 189, Madrid, julio-octubre de 1981.
[16] *Ibídem*, págs. 35-36.

1. *El papel de lo autobiográfico:* «Kantor utiliza el escenario para inventarse a sí mismo ante nosotros, en una especie de ritual alquimista...»
2. *La actuación escénica del autor-director:* «Aquí el "autor" —Tadeusz Kantor— anda por el escenario durante la obra, inventándose, sin justificar nada en el más allá, sin explicar nada, sólo EXPRESÁNDOSE, haciendo que sus personajes deambulen en busca de razones a una vida que no pueden asimilar.»
3. *La situación en que coloca al público:* «Y eso nos hace reconocernos en nosotros mismos en cada momento de nuestra vida, en una tarea siempre imperfecta e imposible.»
4. *La memoria como raíz del espectáculo:* «Y es dentro de esa "atmósfera de la memoria" donde va a surgir todo el espectáculo, incluido el texto.»
5. *El uso escénico del tiempo y el espacio:* «El tiempo y sus instrumentos proyectados al pasado, dice Kantor, y el pasado del tiempo es la muerte. Y en su espectáculo vemos a ese pasado "buscar" su espacio, un espacio que también ha muerto, un espacio que es tan fugitivo como el tiempo. Y las imágenes se componen y recomponen en busca de su lugar, de su sentido, en una recuperación imposible.»
6. *La perspectiva infantil, que reduce todo a una verdad única:* «¿Cómo enfoca Kantor esta reconstrucción? Desde el punto de vista de la "verdad". Esa VERDAD infantil que, como él nos dice, nunca conserva más que UNA SOLA característica de las personas, las situaciones, los acontecimientos, el espacio y el tiempo» [17].

Su amigo Fermín Cabal alude también, con humor, a esta influencia:

«Recuerdo aún la tarde que vimos juntos en Caracas *Wielopole, Wielopole,* la impresión tremenda que te causó... De vuelta al hotel te sentaste en la mesa de la habitación y dijiste: "Voy a empezar una nueva obra". Me eché a reír y te dije: "Ya sé el título: *Valladolid, Valladolid*"...»

---

[17] J. L. Alonso de Santos, «Tadeusz Kantor y *Wielopole, Wielopole* por Cricot-2», *ibídem,* págs. 31-39.

Alonso de Santos señala otra influencia que la crítica no había percibido, la de Marcel Proust:

«Cuando yo vi en Caracas a Kantor, llevaba un año entero metido en Proust, y de ahí arrancan, creo, las principales influencias que pueda tener mi última obra. Hay una frase en Proust, mejor dicho, una idea que él repite constantemente: que el tiempo no es recuperable, pero que el espacio tampoco lo es. Y que el espacio no sea recuperable es completamente inquietante» [18].

El mismo autor, en fin, reconoce y proclama lo que encontró en Kantor:

«Todo este fluir de la existencia, tan inquietante, es el que en Kantor he encontrado. Ese intento desesperado de Kantor, en su obra, de ser el autor, el director, el protagonista personal, espectador también de sus recuerdos. De sus recuerdos que ya no son sus recuerdos, porque, por mucho que intente reconstruirlos, sus recuerdos murieron. Esto de los recuerdos es como si queremos parar un río y lo hacemos hielo: ya no es un río. No se puede parar, las cosas se van. Como en la fotografía. Esa pretensión de que la fotografía es la realidad, es un chiste. La fotografía es la mentira más espantosa sobre la realidad. Una fotografía y la realidad no se parecen en nada porque precisamente la fotografía es la muerte de la realidad. Es una presunción decir que las artes modernas apresan la realidad de forma absoluta. El cine es un código. La fotografía es un código y tiene sus propias leyes. Y cuando vemos a la gente en las fotografías, si nos fijamos bien, vemos que no se parecen en nada. Nos han dicho que nos parecemos y nos lo hemos creído. Pero es una gran mentira. ¿Quién se parece en una fotografía a como es? ¡Ni siquiera la cara! Si acaso se parecerá cuando esté muerto. Entonces Kantor me motivó a escribir una inquietud que yo tenía dentro de mí: la lucha entre lo que fluye y lo que permanece, el álbum y el tren... Yo tengo ahora una sensación muy particular: creo que lo que no existe es el presente (...). Ese tema

---

[18] *Ob. cit.*, nota 1, pág. 157.

me interesa mucho para escribir sobre él. El choque entre lo que llevamos bajo el brazo, a nivel personal, a nivel social, y el adónde vamos»[19].

No se trata de empecinarse en lo que Pedro Salinas llamaba graciosamente la crítica hidráulica, sino de tratar de entender una obra. Después de tanta cita, para mí está claro que la visión de la obra de Kantor ha supuesto el estímulo creativo y ha proporcionado algunos elementos escénicos concretos a la de Alonso de Santos. Pero que ésta no se agota en la pertenencia a esa familia.

Ante todo, porque un innovador profundo, como es Kantor, ha influido legítimamente a cualquier hombre de teatro. No supone desdoro para nadie decir que es pirandelliano, brechtiano o esperpéntico, sin ir más lejos. (No comparo calidades, señalo familias. Y coloco a Kantor al lado de grandes escritores porque él es pleno responsable de todos los elementos —texto incluido— de sus espectáculos.)

Me parece claro que, en estos momentos de su carrera, Alonso de Santos quería expresar una serie de sentimientos auténticos, personalísimos: la infancia acumulada, la búsqueda de las raíces, el desgajamiento de los orígenes, el intento de partir de atrás para reconstruirse vitalmente...

Kantor le ha ofrecido un modelo magistral para convertir en drama un mundo sentimental equiparable. Y sobre todo, quizá, le ha dado valor, con su ejemplo, para hacer teatro con unos sentimientos tan alejados, en principio, de los conflictos «teatrales» al uso.

En todo este proceso, tal como yo lo veo, no advierto nada censurable. Lo sería si la influencia de Kantor fuera postiza, una moda, una imitación gratuita. La realidad no es ésa.

Curiosamente, esta obra es una de las más sinceras y personales de Alonso de Santos. Así lo declara a Fermín Cabal:

«En *El álbum familiar* creo que es una de las primeras veces en mi vida que me he metido en este terreno, de decir "vamos a hablar sinceramente", pero en una dimensión poética, no de confesonario»[20].

---

[19] *Ibídem*, pág. 158.
[20] *Ibídem*, pág. 156.

Y a Eduardo Ladrón de Guevara:

«Cuando escribí *El álbum familiar* lo hice [confidencias íntimas], pero fue una ocasión excepcional y porque quise hacerlo así, hablar sinceramente»[21].

La cuestión está —me parece— suficientemente clara. No se trataba sólo de deslindar originalidades o influencias. A la vez, nos ha ido sirviendo para caracterizar la obra de Alonso de Santos. Vayamos ya a ella, sin más intermediarios culturales.

El elemento autobiográfico no se disimula sino que se exhibe desde el nombre del protagonista (Yo-José Luis) y la dedicatoria: «A mis padres (...) y a mis hermanos (...), protagonistas de este *Álbum*.» El protagonista tiene el mismo número de hermanos —chicos y chicas— que su personaje. Otros son genéricos: el Maestro, el Practicante, el Novio militar, el Revisor, el Sacerdote, el Guardia civil.

La acción dramática se reparte en seis escenas, cada una de ellas con su título:

1. «Mi casa». (En la versión primera, se llamaba: «La familia va a emprender un viaje».)
2 y 3. «El viaje».
4 y 5. «La sala de espera».
6. «El andén de las despedidas».

Iniciemos la lectura. En letra cursiva esperamos encontrar una acotación escénica, descriptiva: no lo es. En realidad, se trata de un monólogo interior narrativo, en primera persona: «*Yo... otra vez...*»

La acotación psicológica expresa la extrañeza ante el reencuentro proustiano con la infancia: «*... no sé por qué...*». También, las perplejidades de aquel momento, revivido con angustia: «*¡No sé qué meter dentro!*» Las preguntas sin respuesta: «*¿Tarde?*»

Cuando el monólogo interior se plantea un problema —el gato, por ejemplo—, un personaje puede contestar a este diálogo interior: «—Se queda con la vecina.»

---

[21] Entrevista con Eduardo Ladrón de Guevara en *Primer Acto*, números 210-211, Madrid, 1985, pág. 57.

No estamos en un escenario naturalista, donde suceden *realmente* —en apariencia— las cosas que se representan, sino en un mundo interior, de pesadilla. (Me recuerda el título de una obra de José María Gironella: *Los fantasmas de mi cerebro*.)

Al lector se le ofrecen muchas pistas para entenderlo así: todo sucede «en la oscuridad de mi mente», en «mi pesadilla». El tren circula «por mi cerebro». Se hace el oscuro «en mi corazón».

El narrador se ve preso en la lógica implacable de los sueños angustiosos:

«Mira: se me han pegado los pies al suelo. Quiero andar pero no puedo. Esto me pasa muchas veces cuando estoy soñando, cuando estoy soñando... ¿Cuándo?»

Al despedirse del Maestro, el autor-narrador se queda «rodeado de los fantasmas negros de mi mente».

Hay un dato que me parece interesante subrayar: para la escenografía, José Alonso de Santos eligió a José Luis Verdes. No se trata de un escenógrafo habitual en el teatro, sino de un pintor, premiado internacionalmente por sus «montajes» con mamparas sobre las que se reflejan, como sombras chinescas, algunas siluetas de hombres y mujeres. (En las salidas internacionales del aeropuerto de Barajas puede verse un ejemplo.)

No es raro que esto atrajera al autor, por la congruencia con su obra:

«*Se recortan nuestras sombras en las paredes vacías como separándose de nosotros* (...), *confundiéndose con nuestras sombras...*»

Una «luz irreal» proyecta «sombras gigantescas y amenazadoras». No hay lugares concretos, reales: tienen «borrado el nombre de todos los carteles». Hemos descendido, quizá, a nuestra personal caverna platónica, para redescubrir nuestros propios arquetipos.

Otra circunstancia de montaje que pude vivir (formaba parte yo del Comité de Lectura del Teatro, junto con Maruja López y el inolvidable Pepe Estruch): quería José Luis Alonso, como director del Centro Dramático Nacional, que dirigiera la obra otra persona, para garantizar así una mayor objetividad estética. Por esa misma razón, Alonso de Santos insistió en que había de ser él el director de escena.

Al leer la obra, lo entendemos fácilmente: ésta no es una comedia más, sino su propia historia personal. ¿Quién podría revivirla como él? El personaje-narrador actúa un poco también como Kantor, que, desde la escena, daba la entrada a los distintos personajes. Dice aquí el protagonista: «*Entonces resucito de los cumpleaños, obligándoles a actuar.*» Dice o piensa, que es lo mismo. Y, en la última escena: «*Entonces yo les coloco en sus lugares, les doy las últimas instrucciones y todo comienza una vez más a suceder.*»

El tiempo, con su extraño vaivén, es uno de los grandes protagonistas de la obra. Ante todo, no tiene límites precisos: pueden dialogar los vivos con los que, en ese momento, ya estaban muertos. La memoria intenta corregir, precisando: «Tú eras entonces mucho más pequeño.» Pero no lo consigue: «*Rasga entonces el aire el llanto desgarrador de un niño pequeño. ¿Seré yo el que llora?*»

Se narra-revive desde el futuro, sabiendo lo que va a pasar: «*Se va a suicidar. Lo sabremos mucho después y tampoco nos dará pena.*»

El escenario se llena de objetos *proustianos,* pequeñas *magdalenas* para recuperar el sabor del pasado: pinzas de la ropa, chapas, botones, juguetes, velos, libros, palanganas... Pero todo está visto desde el *ahora*: «*Tengo que llenar mi maleta de recuerdos para luego... Para ahora.*» O en negativo, como una fotografía negada por el paso del tiempo: «*De pequeño me daba miedo, ahora ya no.*»

La secuencia cronológica lineal se rompe muchas veces: «Pero si eso es de muchos años después...» El futuro se conoce y se anuncia, evitando todo efecto de sorpresa: «Éste se marchará y los dejará solos.» Por eso se contradicen las formas verbales: «Era mi cumpleaños. Es mi cumpleaños. Tú estabas, estás sentado.»

No debe hacernos imaginar todo esto que estamos en un terreno abstracto, puramente mental. De ningún modo. Lo que sí es constante es el paso de lo real a lo simbólico: el viaje, la maleta, el billete, qué he de llevar (¿cómo no recordar el machadiano «ligero de equipaje»?), cuáles son mis cosas... Abundan los objetos simbólicos: el fardo que debe llevar el padre; el espejo, «*para reconocernos cuando lleguemos»;* los «*esqueletos de los muebles...*»

Desde la distancia temporal, lo aparentemente costumbrista se convierte en «un juego sin sentido» y los movimientos cotidianos forman «un ritual conocido».

A la vez, personajes como la Vecina y, sobre todo, la Madre significan un contrapunto real, cotidiano, para que la acción dramática no se desboque por el simbolismo literario. Así, cuando el hijo se pregunta, con angustia: «¿Cuáles son mis cosas, madre?», ella responde a ras de tierra, con lógica implacable: «Tus cosas son tus cosas.»

Estamos en el territorio de las pesadillas pero también en otro mucho más concreto: la España de la inmediata posguerra, Franco, la Falange, el miedo, los avales, el racionamiento, la leche en polvo y el queso de la ayuda americana, las canciones populares...

Este último dato lo suele emplear Alonso de Santos. Aquí hay un momento en que lo hace —a mi modo de ver— con singular acierto. Evitando los fáciles maniqueísmos, *Montañas nevadas* —cualquier melodía popular— muestra su polivalencia: para unos, es símbolo muy concreto de la Falange; para la Abuela, en cambio, es una canción lírica, sin más, que evoca gratos recuerdos. (En este momento, Margarita García Ortega solía suscitar los aplausos del público, en todas las representaciones que yo vi.)

También contribuye a evitar el riesgo de literaturización excesiva el uso del lenguaje coloquial, con sus incorrecciones: «Yo la rebeca que tengo puesta...»

Algo semejante sucede con el humor negro, de raíz hispánica, un poco surrealista:

«MI ABUELA.—A mí me gusta mucho salir en las fotos.

YO.—Sí, pero para salir en las fotos hay que estar vivos, ¿verdad, mamá? Si no, es un lío luego.

MI PADRE.—Venga, qué mismo da. Seguramente, aunque se ponga, no saldría.

Yo.—Si se pone, sale...»

Las presencias quedan clavadas con chinchetas en las fotografías del álbum: la del patio del colegio, la de la bendición del Tío Santo, la de la boda... Los personajes «antiguos» se quedan fijos, como muñecos de feria, hasta que revivan, al hilo de otro recuerdo.

El álbum produce un efecto de extrañamiento, hasta para uno mismo:

«Yo también estoy en el álbum muchas veces. Cuando me veo a mí mismo me parezco también un familiar.»

Este es el viaje simbólico de un joven, viaje iniciático «para aprender a vivir». Además de su familia, le acompañan dos figuras paternas opuestas, el Practicante y el Maestro (en cierta medida, las dos Españas). A la vez, le acosa la tentación del sueño erótico y le persigue el Sacerdote autoritario.

En paralelismo con el individual, es también un viaje colectivo: de la familia —cadena en el tiempo— y de su patria. Cada uno de ellos viaja con sus propios fantasmas. Y, todos, con los colectivos.

La figura paterna es evocada con especial ternura:

«No tengo ganas de sonreír. Nunca en mi vida he tenido ganas de sonreír. Me he pasado la vida matándome a trabajar, haciendo siempre lo que no quería hacer pero tenía que hacer. No quiero sonreír y no voy a sonreír, ¡leche! Quiero que cuando mi hijo mire esta foto, me vea así, como soy, la verdad. En este tren... en este tren que nos lleva, esperando que venga el revisor y tener que humillarme una vez más, pidiéndole perdón por estar haciéndonos esta foto sin tener permiso de nadie.»

Es el representante —con el Maestro— de una generación anterior, vencida por la vida y por la circunstancia histórica que le ha tocado vivir: unos hombres y mujeres que tienen miedo al Revisor, que no saben si tienen derecho a algo. Por eso, andan en círculo, encerrados en sí mismos...

El protagonista quiere rebelarse, romper ese círculo infernal. Para sus padres, «es muy tarde». Él quiere tener sus derechos, ejercerlos: «¡Alguna vez podré hacer lo que me dé la gana con mi cuerpo! ¡Tendré derecho!»

En este punto, las palabras del escritor coinciden literalmente con las de su personaje:

«En ese tren voy a la reconquista de los derechos. Voy a que me devuelvan mis derechos (...). Que nadie diga que no tenemos derecho. Todos tenemos derecho. Nos han enseñado lo contrario y es difícil de asimilar. Esa es la gran reconquista: aceptar dentro y fuera de nosotros que nadie es el dueño de nuestros derechos» [22].

La Hermana mediana sueña con un mundo mejor, una edad dorada de cuento de hadas:

«Iremos a un sitio precioso, con un jardín, con palacios de cristal, y lagos con cisnes... y árboles. Ahora cuando bajemos... todo cambiará. Será como un cuento, como un cuento todo. Como una canción cerca del mar...» (Igual que en el monólogo de Jaimito, al final de BAJARSE AL MORO.)

El inmovilismo proclama que las cosas no pueden mejorar: «Cada uno en su sitio», afirma la Vecina. Y el Sacerdote: «Resignación... Estamos aquí todos sólo de paso.» La Madre sueña: «... que no tenga que vivir como hemos vivido nosotros...»

A José Luis le han tocado —a pesar de todo— tiempos mejores. Yéndose, los salva a todos: «Por ti. Por ellos. Por mí.»

Una vez más, coincide con el escritor. Le pregunta su amigo Fermín Cabal, en el diálogo tantas veces citado: «Entonces tú eres el niño y el billete para tu tren ha sido el teatro.» Y él responde: «Soy el niño, sí..., y lo del billete no se me había ocurrido, pero supongo que sí, que así ha sido...»

Toma *el álbum familiar* y, reviviéndolo, comprende todo: la obra se cierra en un perfecto círculo. Se explican así, a la vez, el título y el desarrollo.

No es extraño que esta obra de Alonso de Santos suscitara cierta extrañeza, por la abundancia de elementos oníricos y la ausencia de una línea narrativa tradicional...

A mí me parece muy estimable. Siento, incluso, cierta debilidad por ella; y no sólo por haberla visto nacer, sobre las

---

[22] *Ob. cit.,* nota 1, págs. 160-161.

viejas tablas del María Guerrero. Sin vanguardismos hueros, es un caso singular dentro de la producción de su autor —y de nuestro teatro contemporáneo—. Proust y Kantor le han servido solamente de trampolines para mirarse: a sí mismo, a su tiempo, a su país.

Lo que importa de verdad no son las posibles influencias, sino otra cosa: la emoción auténtica de su particular *Amarcord*. Y la que suscita en nosotros.

III. «BAJARSE AL MORO»

Esta obra —ya lo he mencionado— supone la plena consagración popular de José Luis Alonso de Santos como autor que une, a la vez, la calidad con el éxito comercial.

El estreno en Madrid tuvo lugar en el Teatro Bellas Artes, el 6 de septiembre de 1985, con este reparto:

Chusa	Verónica Forqué.
Elena	Amparo Larrañaga.
Jaimito	Jesús Bonilla.
Alberto	Pedro María Sánchez.
Doña Antonia	María Luisa Ponte.
Abel	Raúl Ferrández.
Nancho	Javier Garcimartín.

EQUIPO ARTÍSTICO

Ayudante de dirección	Fulgencio Saturno.
Escenografía	Rafael Palmero.
Colaboración musical	José Manuel Yanes.
Dirección	Gerardo Malla.

El Bellas Artes, un teatro de prestigio literario y éxito comercial, dirigido por una figura histórica de nuestro teatro como José Tamayo, se abría así a un joven autor, como en una simbólica «alternativa».

Dedica la obra Alonso de Santos a su mujer, Margarita Piñero.

Estamos, ahora, en un mundo absolutamente próximo y concreto: una «habitación destartalada en una calle céntrica del Madrid antiguo». Al margen de la anécdota, el autor ha señalado tres elementos básicos:

1. «En *Bajarse al moro* se cuenta la historia de un grupo de personas que viven en un piso, con los problemas de realización y de convivencia que ello genera: amor y desamor; sentido de lejanía con unos valores y unas costumbres establecidas que no les pertenecen. Formación de su personalidad según la integración o marginación que el entorno les facilita.»

2. Los personajes: «Son jóvenes, buscan su hueco, su necesidad, su equilibrio en un mundo de hoy donde los patrones "útil-inútil" configuran nuestros nuevos racismos sociales.»

3. El contexto: «Todo ello dentro de un mundo urbano —el de Madrid— que marca con sus ritos y sus latidos un sabor peculiar, un estilo de vida. De ahí su relación poética e idealista con todo lo que "el moro" representa.»

Y uno más, absolutamente básico: «el humor, que enlaza con nuestras tradiciones teatrales más vivas (...). El humor pone las cosas en su sitio. Para mí el humor es una respuesta que damos a nuestros límites. Una respuesta lúcida que hace de puente entre las realidades y los deseos»[23].

Antes de eso, recuerda el autor la frase que a todos nos han enseñado: «Los seres vivos nacen, crecen, se reproducen y mueren.» En medio, como clave de todo, están las comas; es decir, lo que pasa mientras conjugan esos verbos. Y su respuesta es tajante: «Ser feliz.» Eso es lo que todos intentamos de la cuna a la sepultura —por decirlo quevedianamente— y lo que él ha planteado a sus personajes:

«—¿Por qué no eres feliz tú, a ver?

---

[23] J. L. Alonso de Santos, *«Bajarse al moro»*, en *Seis dramaturgos españoles del siglo: II: Teatro en democracia,* Madrid, ed. Primer Acto-Girol Books, 1989, págs. 248-249.

—No, si yo quería, pero es que...
Disculpas y más disculpas.
Yo les doy su oportunidad para que lo intenten. De verdad que se la doy. En *Bajarse al moro,* por ejemplo, les digo: Venga, ahí estáis, intentadlo al menos vosotros que sois gente especial, gente que no se conforma con repetir la vida de sus padres, que se atreve a buscar otras cosas, a buscar nuevos caminos, a renunciar a costumbres que nos encadenan...» [24].

Si estos personajes no lo consiguen, no podrán echar la culpa —como solemos hacer todos— a las imposiciones de una sociedad que ellos han rechazado de antemano. O quizá no es tan fácil alcanzar la auténtica libertad, la interior, aunque se renuncie a muchos convencionalismos que solemos calificar de «burgueses»...

Con esta obra, Alonso de Santos consigue lo que se ha propuesto, un mayor ámbito de resonancia para su teatro:

«*Bajarse al moro* supone entrar en otro mundo, e, incluso, acceder a un público, al espectador burgués, que hasta ahora no conocía mi obra.»

Pero su raíz sigue siendo la misma:

«La calle es la fuente de inspiración de todo autor. En alguna medida no podemos olvidar que somos los cronicones de un período. Y mis personajes, claro, son gentes corrientes, las mías, las que mejor conozco, con las que tropiezo y hablo» [25].

Varios críticos han puesto en relación el éxito de esta obra con los *nuevos tiempos* que estaba viviendo la sociedad española. Así, Pedro Altares, en su doble faceta de comentarista político y teatral:

«La fórmula era aparentemente sencilla: personajes de la calle, problemática actual y directa, lenguaje asimilable por las nuevas generaciones. Entre la comedia de costumbres y una cierta mirada a la marginalidad, a la que por supuesto no se la adereza con *moralina, Bajarse al moro* supuso una

---
[24] *Ibídem,* pág. 247.
[25] Declaraciones a Eduardo Ladrón de Guevara citadas en nota 21, páginas 54-55.

relativa sorpresa que probaba que el teatro español podía asomarse a la realidad presente y que esa mirada encontraba respuesta, ya no cómplice, del público. Alonso de Santos era, además, un autor joven, con futuro. Su ojeada ya no se dirigía al pasado y se instalaba con comodidad en el mundo que genera la civilización urbana. La gran dimensión de su éxito pudo desbordar las previsiones de algunos. Pero entraba plenamente dentro de la lógica de una sociedad emergente que encontraba reflejo en los escenarios»[26].

La crítica planteó en seguida una cuestión importante: la posible conexión de esta obra con una línea clásica en la historia de nuestro teatro: pasos, entremeses, sainetes, género chico...

Téngase en cuenta que, para algunos, presos en prejuicios ideológicos o estéticos, esto supone rebajar su trascendencia. Para mí, en cambio, ésta es una de nuestras mejores tradiciones, la tragicómica: mucho mejor —y más divertido— es un buen sainete que una mediocre tragedia.

Con su habitual inteligencia, lo planteó en primer lugar —si no me equivoco— Eduardo Haro Tecglen, en el prólogo a la primera edición de la obra, señalando ya diferencias:

«*La estanquera de Vallecas* y *Bajarse al moro,* aun siendo distintas entre sí, tienen la unidad de pensamiento y lenguaje que las identifican con el acervo español del teatro cómico y al mismo tiempo las distinguen de él. Si todo el sistema español del sainete está basado en el consuelo y la resignación, y en la conformidad de las pobres gentes con su suerte, en la que pueden alcanzar la felicidad a condición de no aspirar a lo que no les pertenece, en este tipo de teatro popular de Alonso de Santos hay otra definición del inocente y otra valoración de la ilusión. A mi juicio, la única comparación de estas dos obras se puede hacer con *Las bicicletas son para el verano,* de Fernando Fernán Gómez: independientes entre sí, son interdependientes de la contemporaneidad»[27].

---

[26] Pedro Altares, «Teatro en democracia», en *ob. cit.,* nota 23, páginas 12-13.

[27] Eduardo Haro Tecglen, *ob. cit.,* nota 5, págs. 11-13.

Por eso, cuando la obra se estrena en Madrid, titula Eduardo Haro su crónica «Un sainete en el camino de vuelta» y subraya su tono agridulce:

«Hay otra libertad. Está vivo todo lo que el género tradicional tiene de inocencia, de ingenuidad y de risa; pero hay también un contenido agridulce, hay una rebeldía tranquila que se manifiesta sobre todo en la escena final, donde sobrenada una esperanza imposible, una remisión a la utopía del futuro»[28].

Es la línea del realismo español, subrayaba Lorenzo López Sancho en su entusiasta crítica, titulada «Espléndida reválida de un joven gran autor»:

«Es mucho más que un sainete, es una muestra del nuevo teatro de un joven autor capaz de desbordar por los senderos del humor y del amor la oferta sana de un vigoroso y directo realismo»[29].

Dentro de la crítica posterior, insistió Eduardo Galán en el aspecto social, el enfrentamiento entre dos mundos, el «decente» y el «marginal». Y los dos chocan, a su vez, con el mayor enemigo social, el submundo de violencia y aniquilación. La lección, según eso, es «tremenda: la sociedad exige continuas renuncias a sus ideales, continuas traiciones»[30].

BAJARSE AL MORO ha sido representada y leída en varios países. Ha llegado a ser, en cierto modo, un clásico, dentro del último teatro español. Así lo demuestra, entre otras cosas, su inclusión en una prestigiosa colección de clásicos españoles, la que publica Ed. Cátedra. En su introducción[31], Fermín Tamayo y Eugenia Popeanga han subrayado, por ejemplo, unos valores de intertextualidad y simbolismo que desbordan con mucho la presunta sencillez del teatro «costumbrista», entre comillas.

---

[28] *El País,* Madrid, 8 de octubre de 1985.
[29] *ABC,* Madrid, 8 de septiembre de 1985.
[30] Eduardo Galán en *Primer Acto,* núms. 210-211, 1985.
[31] Fermín Tamayo y Eugenia Popeanga, «Introducción» a su edición de *Bajarse al moro,* Madrid, ed. Cátedra, col. Letras Hispánicas, 1988.

Para muchos lectores —españoles o no— BAJARSE AL MORO es un estupendo testimonio sobre una forma de hablar y de vivir, una ventana sobre algunos aspectos de la España actual. Desde fuera de nuestras fronteras, eso resulta especialmente atractivo.

Si todo el interés de la obra se limitara a eso, su dimensión y su futuro serían muy limitados. Me parece evidente que no es así. Cuando la jerga de estos jóvenes sea sólo historia, sus conflictos seguirán conmoviendo al espectador porque poseen verdad humana y coherencia teatral.

La obra —lo señaló Eduardo Haro— posee «la frescura de lo recién escrito, el estado de gracia que trasciende de ella» [32]. Eso es lo que garantiza que su éxito no sea flor de un día.

Repitamos lo apuntado al comienzo. No estamos ya aquí en el mundo simbólico de EL ÁLBUM FAMILIAR. Ahora, todo son detalles concretos. Y nada es gratuito, decorativo: todo —revistas, muebles, posters, tiestos, adornos varios— es significativo, visualiza con teatralidad un Madrid actual y desarraigado, con el atractivo innegable de lo que hace un siglo se hubiera llamado *la bohemia*.

El autor nos instala en un ambiente grato, una isla pacífica en medio del caos que ahora es cualquier gran ciudad: «a pesar del aparente desorden, hay algo acogedor, relajante y bueno para los que están mal de los nervios»; es decir, se supone, todos nosotros.

Es un día de sol y una hora «de oficina»: los personajes están pagando con la estrechez económica —no muy agobiante, por otro lado— el intento de vivir un sueño de libertad.

En esta sociedad, los conflictos se han hecho cotidianos, habituales: las hijas se escapan de casa, las madres refugian su soledad en el bingo... Todo va bien, todo va mal; todo implica una pequeña o gran tragedia; todo —casi todo, más bien— se puede comprender y disculpar, con una sonrisa.

Actualiza Alonso de Santos un viejísimo y respetable *tópos* literario, el del mundo al revés. Evidentemente, no se trata

---

[32] *Ob. cit.*, nota 27, pág. 19.

de hacer gracia —aunque también lo logre—, sino de mostrar una sociedad desconcertada, en una época de cambio radical, en la que los viejos valores se han derrumbado y no es fácil inventarse otros nuevos, más sólidos.

Aquí, los presuntos drogadictos son «dos críos»; la madre *respetable,* una cleptómana; los policías se quedan con una parte de la droga; a la jovencita le da vergüenza ser todavía virgen; son los jóvenes los que se asustan de ella; a un cura le aconsejan «trabajar en algo decente, como Dios manda»; la desgracia de una familia es que el padre salga de la cárcel; hoy es muy difícil permanecer en ella; los terroristas tienen mucho prestigio; está muy castigado pegarse tiros a uno mismo... Etcétera.

A la vez, muestra de modo implacable la inanidad de muchos mitos presuntamente progresistas: por ejemplo, libertad sexual, sin celos, sin rivalidad. Los personajes se intentan autoconvencer con las recetas leídas en cualquier libro *progre:* «A ver si vamos a ponernos nosotros antiguos con esta bobada.» Pero los sentimientos auténticos son más fuertes que cualquier fórmula, *antigua* o *moderna.*

Los personajes reaccionarios son los que maquillan su auténtica realidad con esta retórica de ocasión. Para tener éxito en esta nueva sociedad —vemos— hay que ser socialistas de boquilla, adaptarse a los nuevos tópicos: «Dijo que en estos nuevos tiempos hace falta que cambiemos todos, como está cambiando el país, y como él ha cambiado.»

Apenas se rasca un poco, estos presuntos *progresistas* vuelven a sacar el hacha inquisitorial contra los viejos demonios: el erotismo, las drogas, la homosexualidad..., lo de siempre.

No es tampoco —o no exclusivamente— un conflicto generacional, en el que les corresponda a los jóvenes siempre el papel de héroes. A Alberto y Elena les sale el inmovilismo reaccionario que llevaban dentro, por debajo de unos adornos de pacotilla. Él dice una frase terrible: «La vida es así y no me la he inventado yo.» Y ella, otra más terrible todavía: «Una cosa es ser amigos, pero el dinero es el dinero.» Como dice el título de la canción, con su profunda filosofía, *la vida sigue igual.*

Con habilidad teatral, Alonso de Santos sabe «colocar» dos monólogos definitorios: al comienzo del acto segundo, el de Doña Antonia, arquetipo caricaturesco de esta disparatada sociedad; al final de la obra, el de Jaimito, mezclando lo sentimental y lo humorístico compasivo al dirigirse a Humphrey (como hacía Woody Allen en *Sueños de seductor*). No es extraño que los dos actores, María Luisa Ponte y Jesús Bonilla, obtuvieran las mayores ovaciones en el estreno.

Todo eso lo hemos *visto* en el escenario, no nos lo ha *dicho* de modo directo el autor: no es ensayo ni prédica sino *teatro* vivo, directo, interesante.

Como en EL ÁLBUM FAMILIAR, reaparece aquí un tema clásico, muy querido por Alonso de Santos: el sueño de la *edad de oro,* al que nos agarramos, como don Quijote, desde una realidad lamentable, para mantener viva la llamita de la esperanza.

No nos educamos ahora leyendo novelas de caballería sino yendo al cine. (O, quizá, eso fue ayer, antes de la televisión y el vídeo.) Por eso, el sueño de Jaimito —niño permanente— toma la forma de una película de piratas, de las que nos emocionaban de chicos:

«Eso sí que habría sido mejor, haber nacido en la época de los piratas para montarnos en un barco con la bandera negra y la calavera, y a cruzar los mares subido al palo mayor (...). Cojo, manco, tuerto... Parecería el terror de los mares, cañonazo va, cañonazo viene, a todos los cabronazos con dos ojos, dos piernas y porvenir, que me pusieran por delante.»

Es un sueño, claro está. Curiosamente, Jaimito ha visto en la figura mítica del pirata lo mismo que el poeta romántico:

«... que es mi barco mi tesoro,
que es *mi Dios, la libertad...*»

Esta sociedad, tan moderna y desarrollada, no deja huecos para romanticismos. Por debajo del humor, el final es trágico. Queda claro que nadie se puede escapar:

«Ésos ya están en el bote. Su pisito, el sueldo al mes, la tele, los niños... Bueno, como todo el mundo; menos tú y yo, y cuatro pirados más de la vida que hay por ahí. Si hacen bien, ¿no?»

Pero todavía se descorre un resquicio de esperanza. En medio de esta sociedad hipócrita, falsamente *progresista,* el nacimiento de un niño es, siempre, una posibilidad de futuro. (Exactamente igual que en *Uccellacci, uccellini,* de Pier Paolo Pasolini.)

Con cada niño que nace, el mundo puede cambiar. En un mundo futuro, a lo mejor, las cosas serán *justo al revés* que ahora. Por lo menos, no es malo soñarlo. Reaparece el tema central de la sinfonía: «... y la gente podrá estar feliz de una vez, y bien. A gusto.»

Así, se cierra el círculo teatral. Los falsos *progres* se han quitado la careta, la sociedad los ha devorado. Los sueños *modernos* de vivir en pacífica comunidad, sin celos ni rivalidades, eran utopías. ¿Todo ha salido mal? Parece que sí.

Pero Chusa —como Benina, como la Auvergnat a la que canta Georges Brassens— seguirá abriendo su casa y su corazón «a todo el que encuentre y no tenga adónde ir».

Y Jaimito también: aunque proteste, aunque esta vez —y la próxima, casi seguro— les haya ido mal. No es eso lo que importa.

Lo dijo para siempre don Quijote: «Bien podrán los encantadores quitarme la ventura; pero el esfuerzo y el ánimo, será imposible.»

ANDRÉS AMORÓS.

BIBLIOGRAFÍA

1. EDICIONES DE «EL ÁLBUM FAMILIAR»

Primer Acto, núm. 194, Madrid, 1982. (Incluye un texto de José Monleón y una entrevista de Fermín Cabal.)
Ed. Prensa y Sonido-Sociedad General de Autores de España, col. Arte Escénico, Madrid, 1984.

2. EDICIONES DE «BAJARSE AL MORO»

Instituto de Cooperación Iberoamericana, eds. Cultura Hispánica, Madrid, 1985. (Prólogo de Eduardo Haro Tecglen.)
Ed. Visor-SGAE, Madrid, 1986.
Ed. Antonio Machado, colección Teatral de Autores Españoles, Madrid, 1986. (Incluye *La estanquera de Vallecas*.)
Edición de Fermín Tamayo y Eugenia Popeanga, ed. Cátedra, col. Letras Hispánicas, Madrid, 1988.
Teatro en democracia, ed. Primer Acto-Girol Books, Madrid, 1989. (Incluye también *La señora tártara,* de Francisco Nieva, y *Las bicicletas son para el verano,* de Fernando Fernán Gómez, además de estudios de Pedro Altares, David Ladra, Domingo Ynduráin y José Monleón.)
Plays of the New Democratic Spain (1975-1990). Patricia W. O'Connor. Ed. University Press of America, 1992.

Going down to Marrakesh, traducción de Phyllis Zatlin. (Prólogo de Patricia W. O'Connor. Incluye también *Eloise is under an almond tree,* de Enrique Jardiel Poncela; *Bitter lemon,* de Jaime Salom; *The audition,* de Rudolf Sirera; *Bikes are for summer,* de Fernando Fernán Gómez, y *Lazarus in the labyrinth,* de Antonio Buero Vallejo.)

TRADUCCIONES

— al inglés: *Going down to Morocco,* de Gary E. Bigelow, University Kalamazoo, Michigan.
— al inglés: *Making the Moroccan Run,* de John Susman, Los Ángeles, California.
— al inglés: *Going down to Marrakesh,* de Phyllis Zatlin, The State University, Rutgers, New Brunswick.
— al alemán: *Stoff der traüme,* de Martina Lassacher y Elia Eisterer-Barceló, Innsbruck, Austria.
— al neerlandés: *Afzakken naar Marokko,* de Ilse Verhoeven, Escuela Superior de Traductores de Bruselas.
— al japonés: Tokio, 1992.
— al ruso: Moscú, 1990.
— al francés: en preparación. De Véronique Pasquet.

3. ALGUNOS ESTUDIOS SOBRE ALONSO DE SANTOS

ALTARES, PEDRO: «Teatro en democracia», en el volumen del mismo título.
CABAL, FERMÍN: «J. L. Alonso de Santos», en *Teatro español de los 80,* Madrid, ed. Fundamentos, 1985.
GALÁN, EDUARDO: *Primer Acto,* núms. 210-211, Madrid, 1985.
GALÁN, EDUARDO: «Alonso de Santos o el arte de comunicarse con el público», en J. L. Alonso de Santos, *Pares y nines. Del laberinto al 30,* Madrid, ed. Fundamentos, col. Espiral/Teatro, 1991.
HARO TECGLEN, EDUARDO: «Prólogo» a J. L. Alonso de

Santos, *Bajarse al moro,* Madrid, eds. Cultura Hispánica, Instituto de Cooperación Iberoamericana, 1985.

LEONARD, C.: «Introducción al teatro de J. L. Alonso de Santos», en *Estreno,* 1985.

MALLA, GERARDO: «Prólogo» a J. L. Alonso de Santos, *Fuera de quicio,* Madrid, eds. Antonio Machado, 1988.

MONLEÓN, JOSÉ: «Teatro, público y democracia», en el volumen *Teatro en democracia* ya citado.

MONLEÓN, JOSÉ: «Alonso de Santos», *Primer Acto,* número 194, Madrid, 1984.

OLIVERA, M.ª T.: edición de J. L. Alonso de Santos, *¡Viva el Duque, nuestro dueño!* y *La estanquera de Vallecas,* Madrid, ed. Alhambra, 1988.

TAMAYO, FERMÍN, y POPEANGA, EUGENIA: edición de J. L. Alonso de Santos, *Bajarse al moro,* Madrid, ed. Cátedra, col. Letras Hispánicas, 1988.

UMBRAL, FRANCISCO: «El neosainete», *El País,* Madrid, 13 de julio de 1985.

VICENTE MOSQUETE, J. L.: «J. L. Alonso de Santos: atrapar la felicidad», *El Público,* Madrid, septiembre, de 1985.

YNDURÁIN, DOMINGO: «*Bajarse al moro*», en el volumen *Teatro en democracia,* ya citado.

ZATLIN, PH.: «Three playwrights in search of their youth», en *Estreno,* 1985.

NUESTRA EDICIÓN

Para el texto de EL ÁLBUM FAMILIAR, reproduzco la única edición en libro: Madrid, ed. Prensa y Sonido-SGAE, col. Arte Escénico, 1984.

En cuanto a BAJARSE AL MORO, sigo el texto de la primera edición (Madrid, Instituto de Cooperación Iberoamericana, eds. Cultura Hispánica, 1985), incorporando algunas variantes posteriores.

Teniendo en cuenta las peculiaridades del lenguaje coloquial y el éxito de esta obra fuera de España, he incluido, a petición de la editorial, un breve glosario. He intentado dar el significado de algunas palabras o frases en el contexto concreto.

Para ello, además de los diccionarios académicos, he utilizado otros: Camilo José Cela, *Diccionario secreto,* Madrid, Alianza Editorial, 1974; Jaime Martín, *Diccionario de expresiones malsonantes del español,* Madrid, ed. Istmo, 1974; Víctor León, *Diccionario del argot español,* Madrid, Alianza Editorial, 1980; Francisco Umbral, *Diccionario Cheli,* Barcelona, ed. Grijalbo, 2.ª edición, 1983; Juan Manuel Oliver, *Diccionario de argot,* Madrid, ed. SENAE, 2.ª edición aumentada, 1987. A todos ellos agradezco su información. Y pido disculpas a los lectores que, por ser conocedores de este lenguaje, consideren superfluas las notas.

A. A.

EL ÁLBUM FAMILIAR

A mis padres —José y Justa— y a mis hermanos —Tere, Carmen, Pili y Juan Manuel—, protagonistas de este Álbum.

EL AUTOR.

ESCENA PRIMERA

MI CASA

(Suena un tren a lo lejos. Estoy yo solo pisando otra vez las baldosas de mi casa, que no sé por qué es ahora toda ella grande, blanca, silenciosa. A mis pies está mi maleta abierta, vacía aún. Oigo fuera unos tremendos golpes contra las paredes. Están empezando a derribar la casa. Pronto entrará MI PADRE, *nervioso, angustiado, preguntándome si tengo yo los billetes...)*

MI PADRE.—José Luis, ¿tienes tú los billetes?
YO.—No, papá. A mí no me los has dado.
MI PADRE.—He mirado por todas partes. Llegaremos tarde... tarde...

> *(¿Tarde? Y sale buscándose en la cartera, en los bolsillos del pantalón, en la vieja chaqueta. Se cruza con* MI MADRE, *que entra.)*

MI PADRE.—Justa, ¿tienes tú los billetes?
MI MADRE.—¿Yo? ¿Yo los voy a tener? ¿Has acabado ya tu maleta, José Luis?
YO.—Sí... bueno, no... en seguida termino.

> *(¡No sé qué meter dentro!)*

No sé que meter dentro. ¿Qué tengo que llevarme, mamá? ¿Qué tiene uno que llevarse cuando se va?

Mi madre.—Qué cosas tienes, hijo. Mete tus cosas, ¿qué vas a meter?

Yo.—¿Mis cosas? ¿Cuáles son mis cosas? ¿Cuáles son mis cosas, madre?

Mi madre.—Tus cosas son tus cosas. Date prisa. ¡José! ¡José!

> *(Sale llamando a* Mi padre. *¡El nombre! El nombre es una de las cosas que tengo, aunque sea casi igual al de* Mi padre, *el mío es mío. Pero el nombre no tengo que meterlo en la maleta. Tampoco todos los besos que me dio* Mi madre *cuando era más pequeño. Se quedarán aquí, entre los escombros de la casa. Entra ahora* Mi hermana mayor, *la que tiene novio. Viene discutiendo con* Mi abuela. *Pero... ¿*Mi abuela *no murió hace mucho?)*

Mi hermana mayor.—¡No me iré! ¡No puedo irme, de verdad, abuela!

Mi abuela.—No seas criatura. ¿Cómo te vas a quedar tú aquí sola? Tenemos que irnos todos juntos. No llores. Ya verás como se te pasará. Todo se pasa. Es cuestión de tiempo. Mira José Luis, tan tranquilo. No es para ponerse a llorar, ¿verdad, hijo?

> *(*Yo *digo con la cabeza que no.* Yo *por lo menos no tengo ganas de ponerme a llorar. Tengo como si tuviera fiebre o algo así, pero no ganas de llorar. ¿Por qué voy a llorar? ¿Por el cuarto pequeño que ya no veré más? ¿Por el gato ese asqueroso que me araña cada vez que me ve?)*

Mi abuela.—Se queda con la vecina, la señora Antonia, que lo va a tratar muy bien, no te preocupes...

Yo.—No, si no me preocupo. A mí me da igual.

(No me preocupo, aunque sé que va a morirse ahogado en un balde de agua cuando nos vayamos. Se va a suicidar. Lo sabremos mucho después, y tampoco nos dará pena.)

MI ABUELA.—No podemos llevárnoslo. Es un viaje muy largo. Además está ya muy mayor...
MI HERMANA MAYOR.—No puedo irme, abuela, no puedo...
MI ABUELA.—Venga, mujer, no seas así. Todo se arreglará.
MI HERMANA MAYOR.—¿Por qué tenemos que marcharnos?, ¿por qué?, ¿por qué?, ¿por qué?...
MI ABUELA.—Te escribirá, ya lo verás. Tienes que acabar de recogerlo todo, vamos.
MI HERMANA MAYOR.—Con lo bien que estábamos, con lo bien que estábamos aquí, abuela.
MI ABUELA.—No llores más, mujer. Se te va a poner la cara fea. Las personas que lloran mucho se ponen feas. Les salen arrugas.

(Y se la lleva acariciándola dulcemente. ¿Pero... LA ABUELA no había muerto ya?)

Tú eras entonces mucho más pequeño. Llevabas pantalones cortos, fíjate.
YO.—¿Entonces? ¿Cuándo?
MI HERMANO PEQUEÑO.—¡Piiiii! ¡Piiiii! ¡Aparten esa maleta de la vía! ¡Piiiii!...

(Cruza MI HERMANO PEQUEÑO corriendo. Parece el único realmente contento con este viaje. Ahora oigo a MIS OTRAS DOS HERMANAS desde su habitación canturreando una canción...)

«Porque ha perdido una perla
llora una concha en el mar,
porque el sol no se ha asomado,
está triste el pavo real...»

(Son MI HERMANA MEDIANA *y* MI HERMANA PEQUEÑA. *En total somos* CINCO HERMANOS, *tres chicas y dos chicos. Con* MIS PADRES *somos siete. Y con* MI ABUELA... *A* MI ABUELA *no sé si contarla.)*

«Porque han pasado las horas
y la barca no llegó,
está llorando en el puerto
la novia del pescador...»

(Llaman a la puerta. Es LA VECINA, *la señora Antonia.)*

LA VECINA.—¿Necesitas algo, Justa? ¿Justa? ¿Está tu madre por ahí?
YO.—Me parece que está en la cocina preparando la comida para el viaje.
LA VECINA.—¿Qué? ¿Estarás contento?, ¿eh?
YO.—Sí señora.
LA VECINA.—Y tú, Juanma, estarás contento de viajar en tren.
MI HERMANO PEQUEÑO.—Sí.
LA VECINA.—Tienes que acordarte mucho de mí, hijo. Y tú también, José Luis...

(Y se va con MI HERMANO PEQUEÑO *hacia la cocina. ¡Los recuerdos! Tengo que llenar mi maleta de recuerdos para luego... Para ahora. Las pinzas de la ropa, las chapas, los botones, la peonza, jugando en el suelo de la cocina en silencio, horas y horas, hasta que compramos la radio... El velo de la primera comunión de* MI HERMANA PEQUEÑA. *Y los libros que me daban en Falange para hacer primero en el instituto. Don Demetrio, el profesor de preparatorio, y el señor Merino,* EL PRACTICANTE, *entran y se acercan a mí.)*

MI PRACTICANTE.—No te asustes. Hoy no he venido a ponerte la inyección. He venido a despedirme de ti. ¿Me das un beso? O mejor la mano, ya eres un hombre. No me vayas a olvidar, ¿eh? Recuerda: bajito, con mofletes, simpático, salgo en Semana Santa en la cofradía de San Millán, canturreo pasodobles mientras preparo la jeringuilla, y digo siempre lo de tu tío, que era un santo, y que la culpa de que muriera la tuvo Franco. Tú de eso aún no entiendes bien, pero ya te enterarás cuando seas mayor. Le fusilaron porque a Franco le dio la gana. Bueno, échate siempre la siesta después de comer, y no corras, no te fatigues. Ya le he dicho a tu madre que tiene que seguir poniéndote el calcio. Por lo menos otras dos cajas.

MI MAESTRO.—Bueno, bueno, ya está bien, Merino. Hala, un abrazo y nos vamos. Que tengas buen viaje. Trabajar mucho, sobre todo con los decimales. Nunca se le han dado bien los decimales. Lo demás sí, pero los decimales... No sacó la beca por eso. Escríbeme y pórtate bien. No dejes de contarme cómo te va. Merino, hala, vamos a despedirnos de los padres y nos marchamos. Oye, habrás guardado aquella foto que nos hicimos en el patio del colegio y que estábamos todo el curso con el director...

YO.—Sí, ya la llevo, don Demetrio. Mire...

(Busco en mi maleta y ellos, mientras, se alejan. Cuando encuentro la foto ya no están. Entonces me habla MI MADRE desde la cocina.)

MI MADRE.—¡José Luis! ¿Lo has guardado ya todo?
YO.—¡Sí, mamá, ya está!

(Ya lo he guardado todo: los pasodobles, las músicas de Semana Santa, los himnos de Falange... ¡No! ¡Falta ella!... ¿Ella estaba ya en ese tiempo?... desnuda, pasando a mi alrededor, rozándome cada noche, como ahora... ¡Te van a ver!)

¡Te van a ver! ¡Vete! ¡Van a venir y te van a ver tocándome! ¡Ahora no puede ser! ¡Ahora no, márchate! ¡No ves que nos vamos de viaje? ¡Además, nos va a ver mi tío el santo! ¿Lo ves? ¡Mira! ¡Vete, vete!

> *(Aparece entonces él como tantas veces, saliendo de su cuadro en la pared entre ruidos de ametralladoras que le fusilan una y mil veces. Ella se aleja entonces desapareciendo en medio de una luz transparente. Se acerca en ese momento* MI HERMANA PEQUEÑA *y ve al tío santo.)*

MI HERMANA PEQUEÑA.—¡Papá! ¡Papá! ¡El tío santo! ¡Ha bajado el tío santo de su cuadro!

MI PADRE.—¡Venid todos! ¡Venid todos aquí! Justa, hija, vamos. Mi hermano va a darnos la bendición.

> *(Nos arrodillamos* TODOS *delante del tío santo. Suenan ahora más fuertes las ráfagas de ametralladora. Al bendecirnos miro su mano como siempre. Le falta el dedo meñique. Lo tenemos metido en alcohol, como reliquia. De pequeño me daba miedo, ahora ya no.)*

YO.—Tío, el dedo que te falta lo tenemos nosotros en un frasco...

> *(*MI HERMANA PEQUEÑA *le da con el codo a* MI HERMANA MEDIANA *y se ríen por lo bajo de lo del dedo.)*

MI PADRE.—¡Chissss!

YO.—En el nombre del Padre, del Hijo, y del Espíritu Santo. Amén.

MI MADRE.—Ésta es la foto de cuando nos marchamos de aquella casa, de viaje, todos juntos, y el tío nos dio la bendición.

MI PADRE.—¡La foto de la boda! ¿Has guardado la foto de la boda? Nos la hizo también mi hermano, que en paz descanse.

MI HERMANA PEQUEÑA.—Está rota. Está muy rota la foto de la boda de papá y mamá. Estaba en el pasillo y se rompió el cristal.

MI HERMANO PEQUEÑO.—Se rompió con la pelota. ¡Piiiii!
MI PADRE.—Tenemos que darnos prisa, mucha prisa. No podemos llegar tarde. Para estar tranquilos tendríamos que estar ya en la estación. Puede haber colas.

> (MIS HERMANOS *besan la mano del tío, que se aleja. Yo miro a mi padre ir de un sitio a otro un poco sin sentido, como un animal en una jaula. Me gustaría poder ayudar, pero no sé cómo.*)

No sé si podré con todos los muebles. Ese enorme fardo sobre mis hombros. Tendréis que ayudarme. Las camas no teníamos que haberlas llevado. Lo que hemos facturado va mejor... Tenemos que llevar un espejo, para reconocernos cuando lleguemos.
YO.—Sí.
MI PADRE.—Carmen, ¿tienes tú los billetes?
MI HERMANA MEDIANA.—No.
MI MADRE.—En esta casa murió mi madre. Y mi príncipe azul...
MI PADRE.—¡Justa! ¿Qué haces? Te quedas ahí parada con la cantidad de cosas que quedan por hacer. Acabad de recoger todo y traerlo aquí, que nos vamos. La comida y las medicinas en una bolsa aparte. ¿Llevas tú el libro de familia?
MI MADRE.—Que sí.
MI HERMANA PEQUEÑA.—En la foto del libro de familia he salido muy mal. Con la lengua fuera tengo cara de tonta.
MI HERMANA MAYOR.—A mí la rebeca que tengo puesta, me está corta. Tengo que dejársela ya a mis hermanas. Yo estoy a este lado en la foto, apoyada en mi padre.
MI HERMANA MEDIANA.—¿Yo aquí, papá?
MI PADRE.—Sí.
MI HERMANO PEQUEÑO.—Yo aquí delante.
MI PADRE.—Deprisa, deprisa... ¡Vamos, José Luis!

> (*Estamos* TODOS *de nuevo puestos en la foto del libro de familia numerosa, paralizados en el tiempo ama-*

rillo del cartón. Entonces entra EL NOVIO DE MI HERMANA MAYOR *vestido de militar, semejante a un maniquí de plomo*. MI HERMANA MAYOR *se pone otra vez a llorar.)*

EL NOVIO MILITAR DE MI HERMANA MAYOR.—He pedido permiso en el cuartel a mi capitán para despedir a mi novia. Mañana tengo instrucción y prácticas de tiro. Cuando jure bandera ya seré un hombre. Ya sé decir «a sus órdenes» y «¿ordena usted alguna cosa más?»

MI PADRE.—Anda, dale un beso a tu novio que nos vamos. Justa, ¿has metido en la cesta mi maquinilla de afeitar, la pomada y el agua oxigenada?

MI MADRE.—Sí, está todo. Llevad los abrigos a mano. En el tren por la noche refresca mucho.

EL NOVIO MILITAR DE MI HERMANA MAYOR.—Te escribiré. Te escribiré todos los días, todos los días...

(Traemos de las otras habitaciones todos los paquetes, que se van amontonando a nuestro alrededor. Asoma entonces la señora Antonia.)

MI PADRE.—¡Justa! La vecina. Ha venido la vecina para ayudarte.

MI MADRE.—Toma, un pañuelo limpio.

*(*LA VECINA *ayuda a vestirse a* MI MADRE *para el viaje con las ropas guardadas en el baúl, lentamente, como en un ritual conocido. Suena un reloj muy fuerte no sé de dónde. Y anochece de pronto. Nos quedamos todos quietos, en silencio. Se recortan nuestras sombras en las paredes vacías como separándose de nosotros. Rasga entonces el aire el llanto desgarrador de un niño pequeño. ¿Seré yo el que llora? Lo mismo piensan* MIS HERMANOS *y nos miramos unos a otros. Me acerco lentamente a* MAMÁ, *que ya está vestida, y me acurruco en sus brazos. Ella tose.)*

La vecina.—El agua.

(Ha colocado en medio de la habitación el balde donde se ahogará más adelante el gato, lleno de agua. Allí nos lavamos TODOS. *Luego* MI MADRE *y* MIS HERMANAS *nos peinan a* MI PADRE, *a* MI HERMANO *y a mí.)*

MI ABUELA.—Ya está todo cerrado. Los cuartos cerrados, los balcones cerrados, la puerta del desván...

(Ha entrado MI ABUELA *otra vez, y se sienta fatigada en su vieja butaca de mimbre. ¿Pero* MI ABUELA *no había muerto ya en esta época?)*

Todo cerrado. He regado los tiestos por última vez. Están todos juntos en un rincón, tristes. Las plantas saben mucho. Sienten que las vamos a abandonar. Y el gato me ha mirado como si no me conociera. Luego se ha escondido debajo de la escalera.

MI HERMANO PEQUEÑO.—Yo sólo me llevo los juguetes, los cuentos, el gorro de lana y los jerséis. Esta maleta grande es mi caballo.

MI HERMANA MAYOR.—¿La butaca de mimbre de la abuela nos la llevamos, papá?

MI PADRE.—No, déjala, está muy vieja y muy rota. ¡Carmen, cuidado con la radio! Trae, llévala tú, Tere. Hay que entregar la llave a los obreros al salir, aunque ya da igual. Van a tirar la casa... ¿Está todo ya? Pues hala, cargando los bultos y vamos.

(Empezamos a cargar todos los bultos: las maletas, las cajas de cartón atadas, los esqueletos de los muebles. Vuelven entonces los ruidos de las paredes.)

MI MADRE.—Podían esperar a que saliéramos. Están derrumbando la casa.

(Veo que en un rincón, confundiéndose con nuestras sombras, están juntos todos los que nos han venido a despedir: MI MAESTRO *Don Demetrio, el señor Merino* EL PRACTICANTE, EL NOVIO MILITAR DE MI HERMANA MAYOR, *la señora Antonia* LA VECINA... *¿Qué quiere decir ese balanceo que hacen con las manos? ¿De qué se ríen? ¿Por qué ponen esas caras?)*

MI PADRE.—Hay que llegar pronto a la estación. Está muy lejos de aquí, y somos tantos, y con tantas cosas... ¿No nos dejaremos nada?
MI MADRE.—Que no.
MI PADRE.—Anda, hijo, vamos.

(Y empezamos a caminar, pero vamos en círculo, dando vueltas y vueltas una y otra vez sobre nosotros mismos. Así no llegaremos a ningún lado. Seguimos dando vueltas, encerrada la familia en sí misma, mientras nos siguen diciendo adiós con la mano los que nos han venido a despedir.)

MI HERMANO PEQUEÑO.—Papá, ¿cuándo llegamos?
MI PADRE.—Tenemos que llegar. ¡Tenemos que llegar a la estación!
MI HERMANA MAYOR.—¡Yo no quiero ir, abuela! ¡Yo no quiero marcharme!
MI ABUELA.—Está todo cerrado. Ha quedado todo perfectamente cerrado: los grifos, las puertas, la luz...
MI MADRE.—Podías haber facturado todo esto. Ahora tenemos que ir cargados como animales todo el viaje.
MI HERMANA PEQUEÑA.—¡Qué risa! Parece que estamos jugando.
MI HERMANA MEDIANA.—¡No! No estamos jugando. Es de verdad, es de verdad...

(Entonces YO *empiezo a gritar en mitad de mi sueño.)*

Yo.—¡Vámonos! ¡Vámonos de aquí para siempre! ¡Tenemos que poder salir! ¡Tenemos que poder marcharnos de aquí! ¡Marcharnos de aquí! ¡Marcharnos! ¡Marcharnos! ¡Marcharnos!...

(Y un ruido ensordecedor apaga la luz de mi pesadilla, desapareciendo todas las sombras en la oscuridad de mi mente.)

ESCENA SEGUNDA

EL VIAJE

(Estamos ahora sentados sobre nuestras maletas en este tren inmenso, de suelo de tablas. Nos movemos de un lado para otro por el traqueteo del tren. Nadie habla. Sólo se escucha el monótono ruido del tren al pasar sobre los raíles.)

MI MADRE.—Tomad.

(MI MADRE *da un bocadillo a cada uno. El pan está un poco duro; la tortilla, muy rica.* MI PADRE *pone la radio —¿pero se podía poner la radio en el tren?—. Se escucha un discurso de Franco. Y nos adormilamos mientras comemos pan y tortilla, con el ruido de las palabras de Franco y el machacar de las ruedas sobre los raíles.)*

VOZ DE FRANCO Y LOS RAÍLES.—«... españoles... españoles... españoles... españoles...»
MI HERMANA PEQUEÑA.—¿Has visto a Tere cómo lloraba antes? A mí me da igual marcharme, ¡como no tengo novio! Cuando termine Franco pondrán música, ya verás.
YO.—Sí.
VOZ DE FRANCO Y LOS RAÍLES.—«... la patria exige sacrificios... sacrificios... sacrificios...»

Mi hermano pequeño.—¡Piiiii! ¡Piiiii!
Mi madre.—Come.

(Fuera pasan los postes de la luz a gran velocidad.)

Mi abuela.—Este año va a haber también mala cosecha. No ha llovido nada. Está todo seco.
Mi hermano pequeño.—Tengo sed, mamá.

(Saca el agua Mi madre y nos da la botella. Bebemos Todos.)

Mi hermana mayor.—Está caliente.
Voz de Franco y los raíles.—«... los enemigos nos acechan... nos acechan... nos acechan...»
Mi hermano pequeño.—¡Pum! ¡Pum! ¡Pum!
Mi madre.—Que comas.
Voz de Franco y los raíles.—«... en este viaje en que estamos todos comprometidos, llevaremos a la patria, cueste lo que cueste... cueste lo que cueste... cueste lo que cueste...»

(Es cada vez más de noche. Nos alumbran sólo luces mortecinas del atardecer.)

Mi madre.—Está refrescando. Poneros los abrigos. Tú también, José Luis.

(Yo estoy bien. No me apetece ahora moverme. Tengo el cuerpo cansado. Mi hermana mayor se ha puesto a pasear arriba y abajo del vagón.)

Yo.—Estoy bien, mamá. No me apetece ahora moverme. Luego.
Mi hermano pequeño.—¡Un, dos, hep, haro!...
Mi hermana mayor.—¡Quita! ¡Déjame!
Mi hermano pequeño.—¡Mamá! ¡Me ha pegado Tere!
Mi madre.—Siéntate y estáte quieto. ¿Lo oyes? Aquí, a mi lado.

(MI HERMANA MAYOR *se acerca ahora a* MI ABUELA, *que hace ganchillo en el fondo del vagón. Una luz irreal las cubre.* YO *las miro y las escucho desde muy lejos.*)

MI ABUELA.—Este vestidito es para tu niña. ¿Te gusta? Ya sé que falta mucho para que nazca, pero entonces yo ya no estaré.
MI HERMANA MAYOR.—¡Abuela!
MI ABUELA.—No sé si se llevarán estas cosas de ganchillo, va todo tan deprisa...
MI HERMANA MAYOR.—Es muy bonito, abuela, de verdad.
MI ABUELA.—Tenías que haber visto la ropa que le hice a tu madre cuando nació. Era una niña preciosa, como lo será la tuya cuando nazca, ya lo verás.
VOZ DE FRANCO Y LOS RAÍLES.—«... una, grande, libre... una, grande, libre... una, grande, libre...»
MI HERMANA PEQUEÑA.—¡Mamá, un túnel! ¡Un túnel!

(Cortan los aplausos y los vítores del discurso los pitidos del tren. Y entramos en un túnel. A MI HERMANA PEQUEÑA *le dan pánico los túneles. Estamos casi a oscuras. Entonces nos cruzamos con otro tren y entran destellos de su luz por nuestras ventanillas. Mi hermana Carmen se aprieta contra mí. Es* MI HERMANA MEDIANA, *la que estuvo enferma tanto tiempo. No habla casi nada. Está siempre como mareada. Me parece que va a vomitar.)*

MI HERMANA MEDIANA.—Me gustaría estar tumbada en la hierba, a orillas de un río, y que hiciera mucho sol... Tocando con los dedos la tierra fresca, debajo de los árboles.

(Cuando salimos del túnel veo que están a nuestro lado todos los que nos fueron a despedir, todavía moviendo sus manos en el aire como los dejamos.)

YO.—No tenían que estar aquí ahora, ¿verdad, papá?

MI PADRE.—Siéntate, hijo, que ya llegamos; que ya llegamos...
VOZ DE FRANCO Y LOS RAÍLES.—«... Otros sistemas políticos anteriores no tuvieron en cuenta a la familia... a la familia... a la familia... *(Aplausos y vítores.)* ... Y para que España se transforme es preciso que los hombres que están al servicio de la nación sientan vibrar sus corazones por sus ideales... sus ideales... sus ideales... *(Aplausos y vítores.)* Tenemos que superar los grandes problemas nacionales, como la falta de ilustración de las muchachas de los pueblos... de los pueblos... de los pueblos... *(Aplausos y vítores.)* ... Nuestra presencia hoy, como otras tantas veces, en esta plaza de Oriente, da una muestra al mundo de que somos un pueblo unido detrás del destino de la patria... de la patria... de la patria... *(Aplausos y vítores.)*...»

(Sale entonces del grupo EL PRACTICANTE, *el señor Merino, y subiéndose al vagón llega hasta nosotros y apaga la radio lleno de ira.)*

MI PRACTICANTE.—¡Asesino! ¡Asesino! ¡Por ti murió el tío santo de esta familia! ¡Tú no quisiste canjear a los prisioneros! ¡Tú los mataste a todos! ¡Por tu culpa murió también José Antonio Primo de Rivera! ¡Él habría salvado a la patria!

«Cara al sol, con la camisa nueva,
que tú bordaste en rojo ayer...»

(Canta a voz en grito el «Cara al sol.» MI PADRE *se levanta despacio y canturrea bajo, asustado. Todos los demás nos ponemos también de pie, y cantamos con él. A nuestras voces se unen miles de voces, triunfales unas, vencidas otras, en medio de sombras gigantescas y amenazadoras.* MI HERMANO PEQUEÑO *saluda brazo en alto.* YO *no.* MI ABUELA *sonríe con dolor.* MI MADRE *tose.* MI MAESTRO, *Don Demetrio, se aleja meneando la cabeza a un lado y a otro. Él nunca habla de la guerra. Sólo explica matemáticas. Siempre matemáticas.)*

«... hallarás la muerte, si me llega,
y no te vuelvo a ver.
Formaré junto a mis compañeros,
que hacen guardia sobre los luceros.
Impasible el ademán, están
presentes en nuestro afán.
Si te dicen que caí me fui
al puesto que tengo allí.
Volverán banderas victoriosas
al paso alegre de la paz,
y traerán prendidas cinco rosas
las flechas de mi haz.
Volverá a reír la primavera
que por cielo, tierra y mar se espera...»

MI MAESTRO.—¡José Luis, decimales! No hagas caso de nada de esto. Sólo decimales. Los números son la verdad. No lo olvides.

MI PRACTICANTE Y TODOS CON ÉL.—

«Arriba escuadras a vencer,
que en España empieza a amanecer.»

MI HERMANA PEQUEÑA.—¡Mamá! ¡Mamá!

(Hemos entrado en otro túnel y nos rodea la oscuridad. Luego, poco a poco, se encienden las luces del tren.)

MI HERMANA MEDIANA.—En los mapas es todo tan precioso: los ríos, las montañas, el sol, el mar... ¡Estamos tan lejos!
MI HERMANA PEQUEÑA.—Qué cansada estoy.
MI HERMANO PEQUEÑO.—¿Cuándo llegamos, papá?
MI PADRE.—No sé, hijo, no sé. Siéntate.

(El túnel es largo, muy largo. MI MADRE llega hasta mí. Trae un álbum en sus manos.)

MI MADRE.—Ahora cuando salgamos del túnel tú nos harás una foto, y yo la pondré en el álbum, entre estas hojas de papel de seda transparentes y marchitas, que nos separan a unos de otros para que no nos toquemos. Primero están puestas las fotos de los abuelos, mis padres, mis hermanos, mis familiares lejanos... Luego la familia de vuestro padre. Y las vuestras, de cuando estábamos todos juntos e íbamos en aquel viaje... Cada boda, cada comunión, cada bautizo. Fotos amarillas y tristes de despedidas, de cosas que murieron dentro del cartón. Yo también estoy en el álbum muchas veces. Cuando me veo a mí misma me parezco también un familiar. Yo con pocos años, como tú ahora, hijo, al lado de mi madre. Aunque yo soy la niña en esa foto, me parezco más a la madre, mi madre. Yo siempre he sido la madre. También están las fotos del tío santo, con su ropa de dominico inmaculada, planchadísima, su sonrisa en la cara apoyado en su reclinatorio... Mira. Ya sabía lo que le iba a pasar. Si miro despacio cada una de las fotos, si miro las caras, nuestras caras, detrás de la sonrisa de fotografía, veo que todos sabemos perfectamente en cada foto lo que nos va a pasar.

YO.—Mamá...

MI MADRE.—Hijo...

(Salimos del túnel. MI MADRE *junta a la familia para hacer una foto.)*

MI MADRE.—Juntaros todos. José Luis nos va a hacer una foto de recuerdo a todos juntos. Para cuando se vaya.

YO.—¿Para cuando me vaya?

MI MADRE.—Vamos, José, ven aquí. Vosotras colocaros. Juanma, tú aquí, a mi lado, encima de la maleta para que se te vea bien. Vosotras de la mano, para eso sois hermanas. Arreglaros un poco. A ver, un peine. Péinate Carmen, y tú, Tere, arréglate la ropa. Tú quieto encima de la maleta.

MI HERMANO.—A que me caigo.

MI MADRE.—Sujétale tú, Pili. Morderos los labios, para que salgan brillantes. Estás muy pálida, hija.

MI HERMANA MEDIANA.—Es de la luz.

MI MADRE.—Bueno, ya está.
MI HERMANA MAYOR.—Papá, la radio.
MI PADRE.—Ah sí, se me olvidaba. Trae, que salga.
YO.—Mamá, se ha puesto la abuela. La abuela no se puede poner en esta foto, ¿no? Usted abuela ya estaba muerta en esta foto, no se puede poner.
MI ABUELA.—A mí me gusta mucho salir en las fotos.
YO.—Sí, pero para salir en las fotos hay que estar vivos, ¿verdad, mamá? Si no, es un lío luego.
MI PADRE.—Venga, qué mismo da. Seguramente aunque se ponga no saldrá.
YO.—Si se pone, sale. Por esa misma razón podría ponerse el tío santo también, y todos los demás...

(Sale ahora el tío santo y trata de incorporarse al grupo. Detrás de él, Don Demetrio, EL PRACTICANTE, TODOS...)

YO.—¡Mamá! ¡Que se está poniendo también el tío santo en la foto! ¡Usted, don Demetrio, no, que es sólo de la familia!
MI MAESTRO.—Yo he sido tu maestro año tras año. Yo te hice el preparatorio para el instituto, y no te llevaste la beca por los decimales...
MI PRACTICANTE.—Yo desde luego tengo que salir. Aunque sólo sea por la cantidad de inyecciones que te he puesto.
YO.—Si no es eso, de verdad. Es que me ha dicho mi madre que la tengo que hacer sólo de...
MI VECINA.—Justa, yo me puedo poner, ¿verdad? Yo soy como de la familia, la vecina de toda la vida, la que te ha echado una mano tantas veces cuando estabas mala, ¿y con los chicos? Lo que no habré hecho yo por los chicos.
MI MADRE.—Póngase si quiere. Puede ponerse, ¿no?
MI PADRE.—Que se ponga si quiere, qué más da.
EL NOVIO MILITAR DE MI HERMANA MAYOR.—Yo he traído mi fusil con su bayoneta. Yo soy ya un héroe de la patria. Ya voy a jurar bandera dentro de poco. Me darán un santo y seña y al que no se lo sepa le puedo disparar. Puedo clavar la bayoneta en cualquier sitio y saldrá la sangre. Por eso es importante que salga en la foto.

MI ABUELA.—Pero no se ponga delante, que nos tapa. Yo soy la abuela y ya ve, estoy detrás.

EL NOVIO MILITAR DE MI HERMANA MAYOR.—Y yo soy el novio militar de la hermana mayor.

MI HERMANO PEQUEÑO.—Mamá, la Tere está llorando.

YO.—Si te pones a llorar no puedo hacerla.

MI PADRE.—Date prisa y haz la foto de una vez. Puede venir el revisor y decirnos algo.

MI MADRE.—¿Por qué? ¿No hemos pagado nuestros billetes? Tenemos derecho.

MI PADRE.—Tenemos derecho a ir en el tren. No a hacernos fotos.

MI MADRE.—Tú siempre estás igual. El caso es amargarnos a todos la vida.

MI PADRE.—¡Puede venir el revisor! Estamos aquí puestos... a lo tonto. ¡Puede venir y decirnos algo! Muchas veces, mucha gente que ha llegado y estaban haciendo algo que no se puede hacer, han tenido un disgusto con el revisor.

YO.—Tenéis que juntaros un poco, si no no salís todos. Y va a salir movida. Juanma, quieto.

MI HERMANO PEQUEÑO.—Si no hago nada.

MI HERMANA PEQUEÑA.—Estáte quieto, que sale la foto torcida.

MI HERMANA MEDIANA.—Cuando lleguemos podremos hacer fotos preciosas. Aquí no puede salir bien, no hay casi luz, ni aire...

MI HERMANA MAYOR.—Me estoy mareando de estar quieta tanto tiempo. Ya no quiero.

MI PADRE.—¡Estáte quieta ahí! Y tú, acaba de una vez.

MI HERMANA MAYOR.—Pues espera. Quiero que mi hija salga también en la foto.

MI PADRE.—¿Qué hija?

MI HERMANA MAYOR.—¡Mi hija! La que tendré, ¿verdad, abuela?

MI ABUELA.—Claro. Yo ya le estoy haciendo la ropita.

YO.—En las fotos sólo pueden salir los que estén vivos en ese momento. Si no, no la hago, y ya está.

Mi hermana mayor.—Pues esperamos a que nazca.

Yo.—Pero si eso es de muchos años después. Luego le hago a ella una cuando nazca.

Mi maestro.—Mira a ver si tienes bien puesta la distancia. Enfoca bien. Estése quieto, Merino, ¿no ve que está empujándonos a todos?

Mi practicante.—Nada más que es un poco, para salir. Estoy en la esquina; en cuanto se corte la foto no salgo.

El novio militar de mi hermana mayor.—¡La bayoneta! ¡Que salga bien la bayoneta por arriba!

Mi abuela.—¿Estoy despeinada?

Mi hermano pequeño.—¡Un pajarito! ¡Un pajarito, que va a salir un pajarito!

Yo.—Quietos todos un momento. Sonreír que ya va. Papá, sonríe un poco, no pongas esa cara.

Mi padre.—¿Que sonría? No sé por qué voy a sonreír.

Mi madre.—Tú siempre igual.

Mi padre.—No tengo ganas de sonreír. Nunca en mi vida he tenido ganas de sonreír. Me he pasado la vida matándome a trabajar, haciendo siempre lo que no quería hacer pero tenía que hacer. No quiero sonreír, y no voy a sonreír, ¡leche! Quiero que cuando mi hijo mire esta foto, me vea así, como soy, la verdad. En este tren... en este tren que nos lleva, esperando que venga el revisor y tener que humillarme una vez más, pidiéndole perdón por estar haciéndonos esta foto sin tener permiso de nadie.

Mi madre.—¡Pero te quieres callar!

Mi padre.—No... ¡No!... No me quiero callar. No quiero sonreír y no me quiero callar.

Mi madre.—Vamos, hijo, déjalo. Hazla y déjalo.

Mi hermano pequeño.—Mira, mamá, papá está llorando.

Mi madre.—Calla, hijo.

Yo.—Un momento todos: una, dos y... ¡tres!

(Y esas lágrimas de Mi padre *corren por mi mente desde entonces, mientras el flash de la fotografía llena de luz blanca mis recuerdos y el ruido del tren circulando por mi cerebro se hace ensordecedor.)*

ESCENA TERCERA

SIGUE EL VIAJE

(Es de día y entra el sol por las ventanillas. Llevamos ya no sé cuánto tiempo en este tren. En parte nos hemos acostumbrado ya a él. Nuestros fantasmas nos persiguen y han acampado también en el tren con nosotros. Nos pueden hacer falta.)

MI MAESTRO.—Siempre fuiste un niño muy distraído.
YO.—¿Me dice a mí?
MI MAESTRO.—¿Lo ves? Te hablan y no te enteras. Me acuerdo cuando yo te preparaba en el colegio para entrar en el instituto. Muy pocos chicos tienen la suerte que tú tuviste, y sin embargo, a pesar de que me esforcé... ¿Por qué se te habrán dado siempre tan mal las matemáticas? Sí, ríete, ríete, pero ya no tiene remedio. ¿Se puede saber por qué vais todos tan serios? Mira tus hermanos, con esas caras largas, medio dormidos... ¿Te acuerdas cuando íbamos de excursión con el colegio al Alto de los Leones? Cantábamos y cantábamos todo el rato. Vamos a cantar ahora algo bonito, como entonces.
MI PRACTICANTE.—Sí. Yo también quiero cantar. Cantamos todos.
YO.—Ahora no, don Demetrio, por favor.
MI MAESTRO.—Sí, sí. Ahora mismo. Hay que alegrar el viaje a vuestros padres. Venga, arriba ese ánimo. Vamos a cantar. Tengo aquí la leche en polvo y el queso americano, como en el colegio. Si cantáis, os doy.

«Asturias, patria querida,
Asturias de mis amores,
quién estuviera en Asturias
en algunas ocasiones...»

(Y cantamos. Cantamos primero «Asturias, patria querida», sin demasiadas ganas, mezclando nuestro canto con el traqueteo del tren. Don Demetrio nos va dando a todos leche en polvo y queso americano como en el colegio. Sabía un poco a rancio, pero nos sentíamos mejor después de comerlo.)

MI MAESTRO.—Más alto, todos más alto. Ustedes también.
MI PADRE.—Nosotros no hemos tomado leche en polvo, ni queso amarillo.
MI MAESTRO.—Pero sus hijos sí, todos los días. En un mes tomándolo se pusieron que daba gloria verlos.
MI MADRE.—Yo canto bajito porque en seguida me duele el pecho.
MI VECINA.—¿Puedo cantar yo también?
MI MAESTRO.—Claro, todos.
EL NOVIO MILITAR DE MI HERMANA MAYOR.—¿Y yo? ¿Me da su permiso?
MI MAESTRO.—Que todos, pueden cantar todos, a ver si animamos esto un poco. Parece que vamos a un entierro.
EL NOVIO MILITAR DE MI HERMANA MAYOR.—En el cuartel cantamos mucho. ¡Bueno, todo el día estamos cantando!
MI ABUELA.—Claro que sí, hay que cantar y divertirse. Ya se sabe, el que canta... Además esa canción os la sabéis todos.
MI HERMANO PEQUEÑO.—Yo no me la sé.
MI ABUELA.—Pues así te la aprendes, ¿verdad, José Luis?
MI HERMANA PEQUEÑA.—Yo sí me la sé muy bien.
MI MAESTRO.—¡Hala!, vamos, a cantar:

«Tengo de subir al árbol,
tengo de cortar la flor,
y dársela a mi morena
que la ponga en el balcón...»

(Cantan ahora TODOS *moviéndose dentro del vagón.* YO *me incorporo a ellos.* EL NOVIO MILITAR DE MI HERMANA MAYOR *me echa el brazo por el hombro, como si ya fuera como él.)*

«... que la ponga en el balcón
que la deje de poner,
tengo de subir al árbol
y la flor he de coger.»

MI PRACTICANTE.—Ahora, «Montañas nevadas».
MI MAESTRO.—No. Ésa no.
MI PRACTICANTE.—¿Por qué, vamos a ver? ¿Por qué no podemos cantar «Montañas nevadas» si queremos, eh? El rojo éste, sólo quiere cantar lo que le da la gana.
MI ABUELA.—A mí me gusta mucho «Montañas nevadas».

«Montañas nevadas,
banderas al viento,
el alma tranquila
yo sabré vencer...»

(Y canta MI ABUELA *con una voz delgadita y como de otro mundo. Siempre le gustó mucho la canción aunque no era de Falange ni nada. Como además mi abuelo murió en un bombardeo y ella no sabía de quién eran los aviones, estaba contra las dos partes. Pero la canción le gustaba mucho. Y se la oí cantar mil veces de pequeño mientras fregaba, con su vocecilla infantil.)*

«... Al cielo se alzan
las dulces promesas,
y hasta las estrellas
encienden mi fe.»

Ésta es una foto del abuelo, mira, José Luis. Toma, para ti, llévatela. Estaba siempre peleándome con él, hasta que lo mató esa bomba. Estaba en la cama, con gripe, y cayó esa bomba. Se libró de ir al frente y mira... Nunca supe de

quién eran los aviones. ¡Qué más da! Al abuelo le caían mucho peor los de Franco. No los podía ver. Seguramente la bomba sería de ellos. Pero la canción es bonita, bonita, bonita...
MI MAESTRO.—¡Bueno, ya está bien!

> «Tengo de subir al árbol,
> tengo de cortar la flor
> y dársela a mi morena
> que la ponga en el balcón.»

¡Canta, José Luis, canta!

> «Que la ponga en el balcón
> que la deje de poner
> tengo de subir al árbol
> y la flor he de coger.»

MI HERMANA PEQUEÑA.—

> «Eres alta y delgada,
> como tu madre,
> morena salada,
> como tu madre...»

¡Ésa, mamá, ésa!

TODOS.—

> «Bendita sea la rama
> que al tronco sale,
> morena salada,
> que al tronco sale.»

LA ABUELA.—Yo, yo, ahora yo.
MI PADRE.—Silencio todos, que va a cantar la abuela.
LA ABUELA.—«Montañas nevadas...»
MI PADRE.—¿Otra vez?
TODOS.—Abuela, que ya la ha cantado.
LA VECINA.—«Asunción, Asunción.»

Todos.—

> «El vino que tiene Asunción
> ni es blanco, ni es tinto
> ni tiene color.
> Asunción, Asunción,
> echa media de vino al porrón...»

> «Uno de enero, dos de febrero,
> tres de marzo, cuatro de abril,
> cinco de mayo, seis de junio,
> siete de julio, San Fermín...»

Mi padre.—No, ésta, ésta...

> «Silencio en la noche,
> ya todo está en calma,
> el músculo duerme,
> la ambición descansa...»

Mi maestro.—Pero ésa no es de excursión.
Mi padre.—Pero bueno, ¿es que los argentinos no van de excursión?
Todos.—No, no, ésa no...
El novio militar de mi hermana mayor.—Ésta, ésta...

> «Margarita se llama mi amor,
> Margarita Rodríguez Valdés,
> una chica, chica, chica, chi...»

Todos.—No, ésa no. Ésta...

> «Desde Santurce a Bilbao,
> vengo por toda la orilla,
> con la falda remangada,
> luciendo las pantorrillas...»

Mi hermana pequeña.—¡Canta, Carmen, canta!
Mi hermana mediana.—No.

TODOS.—

>   «... Vengo deprisa y corriendo,
>   porque me oprime el corsé,
>   voy gritando por las calles...»

(Cantan ahora todos menos MI HERMANA MEDIANA. YO los miro desde la otra esquina del vagón cómo gritan y gritan queriendo ganar a los demás en un juego sin sentido. Las canciones se distorsionan en el tiempo, se mezclan con el bombardeo que mató a mi abuelo, con campanas, con himnos triunfales y ruidos de trenes que no van a ninguna parte. Y parece como si el aire se quebrase en mil pedazos en mi recuerdo, en medio de un ruido tremendo. Ha entrado de pronto EL REVISOR y todos han enmudecido. Todo queda quieto, paralizado, en silencio. Nos mira despacio, uno por uno. Todos nuestros ojos están clavados en él. ¿Es que está prohibido cantar? ¿Es que está prohibido cantar? ¿Cantar?... ¿Sólo cantar?... ¿Cantar?)

EL REVISOR.—Los billetes.
MI PADRE.—¿Qué?
MI HERMANA MAYOR.—Los billetes, papá, que está esperando.

(MI PADRE no se mueve. Está como paralizado de pánico. EL REVISOR permanece allí quieto, indiferente, esperando mecánicamente cumplir con su obligación.)

MI PRACTICANTE.—Son gente de confianza. Yo les conozco de toda la vida. A los chicos los he visto nacer. Él estaba con los nacionales. A su hermano le mataron en la guerra, le fusilaron los rojos. Era cura. Ahora es santo. Tienen un dedo suyo incorrupto en alcohol. Le ha crecido la uña, sabe usted. Sí, sí, yo lo he visto. Si quiere les pregunto si lo tienen a mano y se lo pueden enseñar.

El revisor.—Yo lo único que quiero son los billetes.

Mi practicante.—La familia de ella ya es otra cosa, pero no se meten realmente en nada. Han tenido cartillas de racionamiento todo el tiempo. Éste es José Luis, un buen chico. Éste se marchará y los dejará solos. Las hijas son unas pobrecitas. La de en medio está enferma del pecho, como la madre. Yo creo que no han hecho nada malo. Son pobres, eso sí. Al que hay que echar de aquí como sea es al maestro del chico. Le ha andado metiendo ideas en la cabeza. Yo creo que es un rojo. Podemos pedir ayuda al soldado, que es el novio de la hermana mayor. Tiene un fusil con una bayoneta.

El revisor.—Por favor. Los billetes.

Mi practicante.—Están todos un poco estropeados, esa es la verdad. Pero es la mala alimentación. Si los llevan a un buen sitio donde haya sol, luz, calor...

Mi hermana mayor.—Sol, luz, calor... y agua. Al mar, cerca del mar.

Mi practicante.—No, no. Mucho mejor la sierra. Para cosas del pecho, la sierra. Con pinos, buen aire, y sobre todo buena comida. Ya sabe usted, éste es el cuento de la viña, el que no coma la diña. El chico tiene anginas casi siempre...

Yo.—Ahora no.

Mi practicante.—Ahora no, pero casi siempre las tienes, ¿o no? Y heridas en las rodillas. Están débiles y por eso necesitan muchas inyecciones. A él le estoy poniendo ahora unas cajas de calcio. La abuela es la que peor está: está muerta.

Mi abuela.—A mí aunque no tenga billete no me pueden decir nada, ¿verdad?

El revisor.—Bueno, señora, ya está bien. ¿Quién tiene los billetes?

Mi padre.—Verá usted, yo los tenía. Estoy seguro de que los tenía, pero luego... Empezaron a tirarnos la casa de pronto y no me dio tiempo a buscarlos. Si pregunta usted verá cómo le dicen que sí que me los dieron. Llevamos las cosas imprescindibles: las maletas, las mantas, algunos muebles... Lo demás lo hemos facturado como nos dijeron. Éste es mi hijo José Luis...

(Mi PADRE *habla automáticamente, como para no dejarle a él dictar la sentencia. Habla de todas nuestras cosas, cosas íntimas que al* REVISOR *no le pueden interesar. A veces hasta se atreve a quejarse.)*

Yo.—Papá...
Mi PADRE.—He ganado siempre poquísimo dinero, y son cinco hijos. ¡Qué más podía hacer! Últimamente nos iba mejor. Hasta compré la radio. Mi mujer está enferma...
Mi MADRE.—Te quieres callar ya. Él sólo quiere los billetes. Se pone a contarle cosas que...
EL REVISOR.—Prepárense. Tienen que bajar en la próxima. En este tren no pueden seguir. No tienen derecho.

(Se acerca entonces a nuestros visitantes clandestinos y los hace salir con él, dejando sola a la familia de nuevo. Miramos TODOS *a* MI PADRE.)

MI MADRE.—¿Qué ha dicho?
MI PADRE.—¿No lo has oído? Tendremos que bajar y hacer transbordo. Podemos ir en otro tren. Ha dicho que en éste no. Daros prisa a recoger todo. La próxima estación puede llegar en seguida. Hay que bajarlo todo: los equipajes, los chicos, los muebles, los paquetes, la abuela...

*(*PAPÁ *no nos había dicho nada de que en el viaje tuviéramos que hacer transbordo. ¿Trasbordo hacia dónde?)*

MI HERMANA PEQUEÑA.—Cambiar de tren no me da miedo.
MI HERMANO PEQUEÑO.—¡Otro tren! ¡Otro tren más grande, más grande! ¿A que sí?
MI HERMANA PEQUEÑA.—A lo mejor en el otro tren ya no hay túneles.
MI MADRE.—A ver si al menos es un poco más cómodo que éste.
MI ABUELA.—Así nos movemos un poco y desentumecemos los músculos.

MI HERMANA MAYOR.—¿Te ayudo, abuela?

MI ABUELA.—No, no. Yo cojo mis cosas, no te preocupes.

MI HERMANA MEDIANA.—Es mucho mejor cambiar de tren, ¿verdad, José Luis? Un tren con más luz, más limpio.

MI PADRE.—No pasa nada. Sólo es cambiar de un tren a otro.

MI MADRE.—Pero no tenías que haberte puesto a dar explicaciones al revisor.

MI PADRE.—¿Explicaciones? ¿Que le he dado explicaciones?

MI MADRE.—Vamos a dejarlo.

MI HERMANA PEQUEÑA.—¡Cuando cambiemos de tren será mi cumpleaños!

MI HERMANA MAYOR.—Mamá, es el cumpleaños de Pili. Tenemos que hacerle la fiesta con la tarta, los besos, las canciones, las risas...

MI PADRE.—¡No! Ahora no podemos. Tenemos que prepararlo todo para bajar. Lo celebraremos luego, en la sala de espera.

MI MADRE.—Mi niña es ya muy mayor. Mi niña es una mujer como sus hermanas... como la abuela...

MI HERMANA PEQUEÑA.—No quiero ser como mis hermanas ni como la abuela. Sólo quiero ser como tú, mamá.

MI HERMANO PEQUEÑO.—¡El tren está parando!

MI PADRE.—¡El tren está parando!

MI HERMANA MEDIANA.—Iremos a un sitio precioso, con un jardín, con palacios de cristal, y lagos con cisnes... y árboles. Ahora cuando bajemos... todo cambiará. Será como un cuento, como un cuento todo. Como una canción cerca del mar...

MI PADRE.—¡Ya! ¡Hemos llegado! ¡Abajo! ¡Abrir esa puerta y abajo todos, deprisa!

MI MADRE.—Tú siempre con tus prisas para todo.

MI PADRE.—¿Yo? ¡Está pitando el tren! ¡Va a salir de nuevo! ¡Vamos abuela, se pone la primera y ahora no baja...!

(Estamos TODOS *cargados detrás de* LA ABUELA*, que no se mueve tapando la puerta. Suena una y otra vez el pitido del tren.)*

MI ABUELA.—Es que se me ha enganchado el zapato.
MI PADRE.—¿El zapato? ¿Se le ha enganchado el zapato? ¡Quíteselo! ¡El revisor dijo que teníamos que bajar! ¡Bajar las maletas! ¡Bajar! ¡Moveros!
YO.—Papá, no podemos movernos. Queremos pero no podemos. Mira: se me han pegado los pies al suelo. Quiero andar pero no puedo. Esto me pasa muchas veces cuando estoy soñando, cuando estoy soñando... ¿soñando?
MI PADRE.—¡Sale el tren! ¡Tenemos que bajar! ¡Lo ha mandado el revisor! ¡No tenemos derecho a ir en este tren! ¡No tenemos derecho! ¡No tenemos derecho! ¡No tenemos derecho!...

(No tenemos derecho —dice—, y MI PADRE *nos empuja y nos empuja desesperado, hasta que finalmente caemos todos juntos como una bola de nieve sobre la estación, envueltos en la inmensa nube de vapor que suelta el tren al alejarse de nosotros.)*

ESCENA CUARTA

EN LA SALA DE ESPERA DE UN LUGAR SIN NOMBRE

(*Estamos ahora en la sala de espera de este lugar que no sé cómo se llama. Tiene borrado el nombre en todos los carteles. Estamos esperando a que llegue un nuevo tren, y nos lleve a* TODOS *a algún sitio.*)

Yo.—¿Cuándo nos vamos, papá?
MI PADRE.—Ya nos avisarán. Hay altavoces y por los altavoces anuncian siempre todo. Dónde hay que ir y lo que hay que hacer. Si vas a preguntar se molestan.
MI MADRE.—Pues que se molesten. Para eso están. Vete y pregúntales. Diles que llevamos aquí no sé cuánto ya. Nos tienen que decir algo, lo que sea.
MI HERMANA MAYOR.—¿Quieres que vaya yo, padre?
MI PADRE.—No. Si sales, a lo mejor luego no te dejan entrar.
MI MADRE.—¿Por qué no la van a dejar entrar, vamos a ver?
MI PADRE.—¿Por qué? Pues porque no.
MI MADRE.—Vaya una razón.
MI PADRE.—Justa, no nos tienen que dar a nadie ninguna razón. Cuando no quieren dejar entrar a alguien en un sitio, pues no le dejan y en paz.
MI MADRE.—Entonces estarían cerradas las puertas. Si están abiertas, es que se puede salir, y se puede entrar. Vamos, digo yo. En las salas de espera se puede entrar y se puede salir.

Mi padre.—Las salas de espera no son ni para entrar ni para salir. Son para esperar. Salas de espera.

Mi madre.—Entonces nos quedamos aquí toda la vida. Estamos arreglados. *arranged*

Mi hermana mayor.—Lo que podíamos hacer, mientras esperamos, es celebrar el cumpleaños de Pili. ¿Quieres, José Luis?

> *(Me pide ayuda a mí. Y Yo digo que sí con la cabeza. Entonces resucito mis recuerdos de los cumpleaños, obligándolos a actuar.)*

Mi hermana mayor.—Vamos, mamá. ¡Que ha dicho que sí! ¡Vamos a celebrarlo!

Mi madre.—No tenemos tarta, ni nada especial. Sólo algo de comida y vino. Y además, en este sitio...

Mi abuela.—Podemos untar pan con vino y azúcar y hacer unas tortas. Yo tengo un poco de azúcar. ¿A que te gustan las tortas de vino y azúcar, Pili?

Mi hermana pequeña.—Sí.

Mi hermana mayor.—¡Vamos, mamá!

Mi madre.—Bueno. Ven aquí, que te arregle un poco.

Mi abuela.—Vamos a celebrar el cumpleaños de mi niñita. ¿Cuando hagamos ahora la foto de cumpleaños sí que me puedo poner? ¿Yo sí que estaba, verdad?

Mi padre.—¡Qué pesada está la abuela! No teníamos que haberla traído. Toma, hija, tu regalo. Para que te compres algo cuando lleguemos.

Mi hermana pequeña.—Mira, José Luis. Me ha dado mucho dinero. Le quiero mucho. ¿Puedo darle un beso?

> *(Digo que sí con la cabeza. Entonces Mi hermana pequeña salta sobre Mi padre, le abraza y le besa.)*

Papá... papá... papá... mi papá. Es mi papá.

Mi hermana mayor.—¡Una fiesta! ¡Vamos a hacer una fiesta! Vamos, Carmen.

(MIS HERMANAS *sacan de la maleta las cosas de las fiestas familiares, gorritos, narizotas, cadenetas y serpentinas, ajadas por el tiempo.* MI ABUELA *coloca una vela encima de la mesa para que sople y la apague* MI HERMANA PEQUEÑA. *Ella deja a* MI PADRE *y se acerca a mí, mucho mayor de lo que era entonces. Me habla con voz muy lejana desde mi recuerdo.)*

MI HERMANA PEQUEÑA.—... Era mi cumpleaños. Es mi cumpleaños. Tú estabas, estás, sentado mirándolo todo fijamente, como retratándolo con tus ojos en tu cerebro. Mi abuela sacó una tarta gigantesca y mágica de su bolso y me la dio. Era una tarta llena de velas, cada una por un año, cada una de un color. Se apagaron todas las luces, se apagan todas las luces, y sólo quedan encendidas las velas de la tarta. Mi padre se acerca entonces con un montón enorme de regalos. Empiezo a abrir las cajas y están todos los juguetes que siempre deseé y nunca pude tener: todas las muñecas caras de los escaparates, todas las casitas, todo ese mundo maravilloso que me llamaba desde los cristales y nunca pude comprender por qué no era para mí. Mi madre me besa. Mi padre también. Suenan músicas de circo muy divertidas y soy muy feliz. Me monto a tus espaldas y me llevas a caballito. Todos me aplauden y se ríen mucho. ¡Hacía tanto tiempo que no veía reírse a mis padres! ¡Tanto! Mi mamá me regala entonces una caja preciosa. La abro emocionada y saco de dentro el vestido de princesa encantada que luego viene el príncipe y la quiere. Me pongo a llorar de alegría. Estallan cohetes y llueven caramelos, y cuentos, y chocolatinas. Todos mis amiguitos han venido a felicitarme. Suena un violín muy dulce y me siento como en la cuna en brazos de mamá. De pronto estalla una tormenta y todos corren a sus casas, desaparece todo, vuela todo dejándome sola con la vela en esta sala de espera. Una vela encendida. Una vela encendida que tengo que apagar y no puedo.

YO.—Es muy fácil. Sólo tienes que soplar.

MI MADRE.—Espera, hijo.

(MI MADRE *saca la vieja cámara fotográfica de su cesta y me la entrega. Rodean todos con sus tristes máscaras de carnaval a* MI HERMANA PEQUEÑA, *que sentada en la silla de mimbre de* LA ABUELA —*¿cómo ha llegado hasta aquí?*— *hace esfuerzos desesperados por apagar la vela.*)

MI HERMANA PEQUEÑA.—¡No puedo! Lo intento pero no puedo. Noto como si tuviera la boca pegada... como si no tuviera lengua.
MI MADRE.—Venga, sopla ya, no seas tonta.
MI ABUELA.—Vamos, mi niña, apaga la vela.
YO.—¿Hago la foto así? ¿La hago así, apagando la vela?
MI PADRE.—¡Pero quieres soplar ya de una vez! Va a venir alguien y nos va a ver aquí así, con la vela encendida.
MI MADRE.—¿Es que tampoco vamos a poder encender una vela si queremos? ¡Esto es el colmo!
MI HERMANA MAYOR.—La estáis poniendo nerviosa. No te preocupes, no pasa nada. Es tu vela. Apágala cuando quieras. Si quieres te la apago yo.
MI MADRE.—No, no. Tiene que apagarla ella. Después tomaremos un bocadillo de carne empanada, muy rica. Y luego una pera y el pan con vino y azúcar.
MI HERMANO PEQUEÑO.—Papá, ¿Pili puede beber hoy vino? Es su santo.
MI PADRE.—No es su santo, es su cumpleaños. Y no puede beber vino, ni tú tampoco.
YO.—Pues hago la foto así, con la vela encendida.
MI ABUELA.—¡Pero si está llorando la tonta! Sonríe, es tu cumpleaños.
MI HERMANO PEQUEÑO.—¡Pili se mea en la cama! ¡Pili se mea en la cama!
YO.—¿Te quieres callar?
TODOS.—No llores... Es tu cumpleaños... sonríe... Tienes que estar contenta, contenta...

(*Entra un* SACERDOTE *en la sala de espera. Nos mira. Se nos acerca, coge la vela que no puede apagar* MI HERMANA PEQUEÑA *en sus manos, y nos habla.*)

SACERDOTE.—Oigan. ¿Ustedes son los de la adoración nocturna?
MI PADRE.—¿«Adoración nocturna»? No, no señor. Nosotros estamos esperando un tren.
SACERDOTE.—Pero ¿ustedes han hecho ya adoración nocturna?

> *(Sale de la oscuridad MI PRACTICANTE y se acerca al SACERDOTE. Le habla al oído mientras nosotros esperamos atentos. Luego se aleja de nuevo.)*

Repito, ¿han hecho o no han hecho ya adoración nocturna?
MI PADRE.—Pues no, no señor. No la hemos hecho. No sabíamos que era necesario...
SACERDOTE.—¿Y ustedes son los que tienen un familiar santo?
MI PADRE.—Sí, señor, mi hermano, que en paz descanse. Aún no es santo del todo. Sólo es mártir y beato, pero está en proceso de canonización. Le fusilaron en guerra.
SACERDOTE.—Sí, sí, ya sé. Tienen ustedes que dar ejemplo. ¿Quién es José Luis?
YO.—Yo.
SACERDOTE.—Conque eres tú...

> *(Mueve la cabeza a un lado y a otro como si mi caso no tuviera solución. Realmente no tiene solución, es decir, su solución.)*

MI PADRE.—Mire, estamos ahora celebrando el cumpleaños de la niña, no me parece el momento adecuado para..., además, están las maletas...
SACERDOTE.—Mejor que mejor, ¿verdad, pequeña? Podemos celebrarlo así. Voy a ponerla aquí en cruz y ustedes rezarán por turno ante ella durante toda la noche hasta que venga su tren. A la vez pueden los demás seguir celebrando el santo en aquel rincón sin hacer mucho ruido y con el debido respeto.

Mi hermano pequeño.—¡No es su santo, es su cumpleaños!
Sacerdote.—Es igual.
Mi hermano pequeño.—No, no es igual, ¿a que no, papá?
Mi padre.—No, pero calla ahora, hijo. Ven aquí.
Mi madre.—¡Juanma, quieto!

(El Sacerdote pinta ahora una enorme cruz en la pared de la sala de espera. Retumban en mis sienes el chirriar de la tiza y los carraspeos constantes del Sacerdote. Lleva luego a Mi hermana pequeña y la pone contra la pared, sobre la cruz, ciñéndole una corona de flores que le alcanza Mi practicante sobre la frente. Luego saca de mi maleta el velo de la primera comunión de Mi hermana pequeña y se lo pone. Nosotros nos quitamos los gorros y las máscaras de fiesta.)

Sacerdote.—Ahora cantaremos el «Venid y vamos todos», y luego, «Cumpleaños feliz.»

«Venid y vamos todos
con flores a porfía,
con flores a María,
que madre nuestra es...»

(Entonces Yo me acerco a Mi hermana y trato de retirarla de esta cruz sin sentido sobre sus espaldas.)

Yo.—¡Basta! Basta de mentiras. Ahora no me oís, pero tengo que decirlo ahora. ¿Qué es todo esto? ¿Qué hacemos aquí? ¿Todo esto para qué? ¿Cómo nos pueden estar engañando así?
Mi padre.—Ellos dicen lo que hay que hacer. Ellos dicen lo que es verdad y lo que es mentira, en lo que hay que creer y en lo que no hay que creer. Ellos dan los billetes para los trenes. Además está luego la otra vida..., el cielo, el infierno...

Yo.—¿La otra vida? ¿El cielo? ¿El infierno? Pregúntaselo a la abuela. Abuela, venga aquí, dígales la verdad. Usted lo sabe, usted lo ha visto, abuela, dígaselo. Dígaselo todo.
MI ABUELA.—Qué ganarían con eso, hijo.
Yo.—¿Qué ganarían...? Saber la verdad.
MI ABUELA.—Ya la saben. Todos la saben.
Yo.—¿La saben? Todos la saben.
TODOS.—

> «Venid y vamos todos,
> con flores a porfía,
> con flores a María...»

(Ellos siguen cantando. MI ABUELA se une al grupo y me llama para que cante YO también. También me llama MI PRACTICANTE. En ese momento aparece MI MAESTRO y me habla desde la oscuridad.)

MI MAESTRO.—¡Matemáticas, José Luis, matemáticas! ¡Sólo matemáticas!
SACERDOTE.—«... Que madre nuestra es.»
Muy bien. Ahora el «Cumpleaños feliz»:

> «En el día de hoy
> cumpleaños feliz...»

(Y cantan TODOS el «Cumpleaños feliz» a MI HERMANA, que lo mira todo desde la cruz con cara de ida. Y el SACERDOTE le acerca la vela lentamente a los labios...)

TODOS.—«... Te deseamos todos, cumpleaños feliz.»
Yo.—¡No! ¡No! ¡No!

(Y ella la apaga, haciéndose el oscuro en ese momento en la fotografía, y en mi corazón.)

ESCENA QUINTA

SEGUIMOS EN LA SALA DE ESPERA
DURANTE LA LARGA NOCHE

(MI PADRE *se acerca y me habla contándome todo lo que pasó, tratando de decirme algo detrás de sus palabras, que no comprendo bien. También me habla de su padre, y de otras salas de espera, en otras largas noches cuando* YO *aún no estaba.)*

MI PADRE.—Íbamos de viaje... Tuvimos que bajarnos para hacer transbordo... me acuerdo muy bien. Tú, José Luis, estabas sentado sobre una maleta como ésa, apoyado contra la pared, en un rincón, y yo te hablaba. Los demás estaban todos dormidos, tirados sobre el equipaje. De un ventanal se descolgaba una tibia luz azulada. Justa, tu madre, respiraba con dificultad y de vez en cuando tosía. Tus hermanos estaban apretujados como perrillos. Yo no podía dormir, y te hablaba... Fuera estaba empezando a llover. Serían las cinco o así. Sólo habían pasado un par de trenes de mercancías. Luego nada. Algún ladrido lejano. Algún portazo... Tenía la cabeza vacía y no podía pensar. Paseaba..., paraba y te hablaba... Sabía que estábamos allí, esperando un tren. Eso era todo. Alguien nos avisaría y tendríamos que recoger todo corriendo si no queríamos perderlo. Todo pasaría en unos minutos y estaríamos de nuevo en marcha. Por eso tenía que estar atento. Puede oírse el tren a lo lejos... Si se duerme, si se dormía el jefe de estación, o se olvidaba de avisarnos estaríamos perdidos. ¿Cuándo volvería a pasar otro tren? Y os miraba a todos en la oscuridad. A ti mientras te hablaba, y a ella, tu madre, y a la abuela, y a los chicos... Entonces empecé a recordar cuando yo hice también un viaje como tú, con mis padres y mis hermanos, cuando era yo como tú... Yo estaba sentado donde estás tú ahora, y él me hablaba... Luego él se fue, y yo fui el padre. Algún día lo serás tú, serás tú el que llevará a sus hijos de viaje. Por eso lo mirabas todo con esa cara, con esos ojos grabándolo en tu mente para siempre: para aprender. Me dolía la cabeza, me senté a tu lado, y puse las manos así sobre las rodillas, apretando los huesos, recordando a mi padre, que también se ponía así... Ponte tú así. Mira, fíjate bien. Se aprietan con las manos las rodillas, se sienten los huesos contra los huesos, se aprieta fuerte... Se descansa. Muchas veces me acuerdo de mi padre. Tengo una foto de él, pero está muy mal. Mira. Casi no se le reconoce. Está amarilla ya. Del tiempo. No hablaba mucho mi padre. Estaba siempre como dándole vueltas a algo. A lo mejor estaba también pensando en su padre. Nunca hablé con él. Me gustaría haber hablado alguna vez con él, haberle preguntado... Déjame. Déjame sentarme ahí, en tu sitio...

> *(Yo me levanto del sitio del hijo y se sienta él. Entonces aparece bajo una luz irreal la sombra de su padre, como en la foto, y se sienta en el sitio que estaba él. Y Yo los miro a los dos. Y me fijo muy bien en todo. Muy bien. Sin que se me escape nada, para cuando Yo sea el padre.)*

... Noté de pronto que había alguien a mi lado. Era él. Lo supe por el olor del tabaco que fumaba, sin mirarle siquiera...

El padre de mi padre.—¿Qué? ¿Quieres un pito?

Mi padre.—No. Ya no fumo. No me sentaba bien. Además, por Justa; ya sabes, la tos.

El padre de mi padre.—Ya.

(No se dicen nada durante un rato. Yo los veo desde la oscuridad uno junto al otro, envueltos por el humo del cigarro del padre de MI PADRE, *que lo ha encendido con un mechero de esos antiguos de mecha.)*

¿Qué tal los chicos?
MI PADRE.—Bien. Un poco cansados del viaje.
EL PADRE DE MI PADRE.—Al pequeño no le conozco. ¿Cómo se llama?
MI PADRE.—Juan Manuel. Está muy alto.
EL PADRE DE MI PADRE.—Ya.

(Vuelve a haber otro silencio. Me gustaría acercarme y decirles algo, pero ahora no me ven. Están solos los dos. Oigo sus respiraciones fuertes, roncas.)

EL PADRE DE MI PADRE.—Bueno, me voy. Ahora van a entrar y van a dar la luz.
MI PADRE.—Adiós, padre.

(Le da a MI PADRE *un par de palmadas en la espalda y se aleja. Se vuelve desde la casi oscuridad.)*

EL PADRE DE MI PADRE.—En esa foto estoy muy mal. No me gusta. Me la hice para dársela a tu madre. Nunca me han gustado las fotos. Parece que está uno muerto en las fotos. Bueno, adiós.
MI PADRE.—Adiós, padre. Adiós.

(Y MI PADRE *se dirige ahora a mí, y me dice:)*

Era mi padre.

(Me despierto de golpe al dar alguien la luz de la sala de espera. Estaba soñando que MI PADRE *hablaba con su padre. Miro a ver quién ha dado la luz y veo que han entrado dos* GUARDIAS CIVILES *con un preso.)*

Guardia civil 1.—Buenas noches.
Guardia civil 2.—A las buenas noches, señores.

(Llevan al preso sujeto a uno de ellos con unas esposas. Cruzan delante de nosotros y van hasta el rincón del fondo. Allí abren las esposas y sujetan al preso a una silla. Sólo duerme Mi hermano pequeño.)

Guardia civil 1.—Perdonen ustedes la molestia. Pueden seguir durmiendo.
Guardia civil 2.—Lo único es que tenemos que dejar la luz dada.
Guardia civil 1.—Podemos apagar una. Así se está mejor y molesta menos.
Mi padre.—Por nosotros no se molesten.

(El preso no se mueve. Está sentado en la silla como una estatua, inmóvil, con la mirada perdida. No es muy mayor. Se parece mucho a un vecino que teníamos que se llamaba Aniano.)

Mi hermana mayor.—Se parece a Aniano, ¿verdad?
Yo.—¡Chiss!
Guardia civil 1.—¿Un cigarrillo?
Mi padre.—No, no fumo, gracias. ¿Qué? ¿De conducción? ¿Vienen de lejos?
Guardia civil 1.—Sí, muy lejos. Oigan, a ver si por favor... ¿No tendrían algo de comer? No es para nosotros, es para él, que lleva todo el día sin tomar nada. Aquí no hay cantina y si tuvieran ustedes la amabilidad... para que tome algo...
Mi padre.—Sí, sí señor. Justa, mira a ver si queda algo...
Mi madre.—Algo habrá. ¿Vino quiere?
Mi padre.—¿Puede beber vino?
Guardia civil 1.—Sí, sí. Oye, ¿puede tomar vino, verdad?
Guardia civil 2.—Sí.

MI MADRE.—Aquí tienen, un bocadillo y un poco de vino.
GUARDIA CIVIL 1.—Muchas gracias, señora.
MI PADRE.—No hay de qué.
GUARDIA CIVIL 1.—Toma. Come algo. Luego puedes dormir un poco si quieres. Ya te despertaremos.

> *(Coge el bocadillo y el vino y come en silencio. Parece cansado.* MIS HERMANAS *se acurrucan de nuevo en los bancos de madera intentando dormir. Ya no podrán. Lanzan miradas a hurtadillas a* LOS GUARDIAS CIVILES *y al preso.)*

MI PADRE.—¿Saben ustedes a qué hora pasa el tren?
GUARDIA CIVIL 1.—No, señor. Ya nos avisarán por el altavoz.
MI PADRE.—Claro. Ya nos avisarán.

> *(Hay un largo silencio. Nadie habla. Sólo se escucha fuera el golpear de un martillo las ruedas de algún mercancías parado.)*

MI PADRE.—Es tarde.
YO.—Sí.
MI MADRE.—Tarde, ¿para qué?
MI PADRE.—Es ya muy tarde.
MI MADRE.—Anda, duérmete un rato. Tienes los ojos hinchados de no dormir. No te preocupes por el tren. Los guardias nos avisarán, ¿verdad, señor?
GUARDIA CIVIL 1.—Con mucho gusto, señora. Pueden ustedes dormir tranquilos. Nosotros estamos aquí.
YO.—Ellos están aquí.
MI PADRE.—Sí, tengo que dormir un poco. No me encuentro bien.
MI MADRE.—Apóyate aquí. Tienes que descansar un rato. ¿Te duele el estómago?
MI PADRE.—Sí, un poco.
MI MADRE.—Ven, pon la cabeza aquí. Así. Descansa. Duerme.

(Mi PADRE *ha apoyado la cabeza en una pierna de*
Mi MADRE. *Respira despacio.* Mi MADRE *le acaricia
la cabeza y* Mi PADRE *se acurruca junto a ella.* Yo
*me siento como con fiebre. Me arde la cabeza. Es
de todo esto, del cansancio, y de los nervios. Ahora
ese pobre hombre ahí, atado, esperando como nosotros. ¿Adónde le llevarán? ¿Y para qué? No quiero pensar ahora en eso. Necesito pensar en otra cosa.
De pronto aparece ella, desnuda, como siempre, en
mitad de la sala de espera. Se acerca a mí despacio,
insinuante y tentadora, ofreciéndome su cuerpo, acariciándome como* Mi MADRE *acaricia la cabeza de* Mi
PADRE *ahora...*)

Yo.—¡No!
Mi MADRE.—¿Qué?
Yo.—No, nada.

*(¡Ahora no! ¡Me van a ver! —pienso—. Además me
voy a manchar los pantalones. Y están los* GUARDIAS
CIVILES. *¡No puedo ahora! Delante de todos. Ni dándome la vuelta; no ¡Vete! Ella no escucha. Ella no
escucha nunca. Coge mis manos y las pone sobre su
vientre lleno de calor. Acaricio entonces despacio,
casi sin movimiento, notando la piel, su respiración
en mi respiración... Toco su cara, su pelo, sus hombros, sus pechos... Llego despacio con mis manos
hasta su sexo húmedo y cálido que me acoge. Suena
dentro de mí una música dulce que crece y crece al
compás de mis caricias. Tengo que salir fuera. Necesito salir fuera un momento.)*

GUARDIA CIVIL 1.—¿Dónde va, por favor?
Yo.—Voy al urinario un momento.
GUARDIA CIVIL 1.—Espere. Voy con usted, así le indico.
Yo.—No hace falta. Gracias. Ya preguntaré.
GUARDIA CIVIL 1.—¿A quién? No hay nadie fuera.
Yo.—¿No hay nadie? Miraré, buscaré...

GUARDIA CIVIL 1.—No lo encontraría. No hay letreros puestos.

YO.—No se moleste, de verdad.

GUARDIA CIVIL 1.—No es molestia. Para eso estamos.

(Para eso están. Pero ella no se da cuenta de nada y sigue acariciando y acariciando. Ella nunca se da cuenta de nada. ¿No ves que nos están mirando? ¿No te das cuenta de que están MIS PADRES *y los* GUARDIAS*?)*

GUARDIA CIVIL 1.—¿Le pasa a usted algo?

YO.—No, nada. Casi mejor lo dejo para luego. Fuera hace frío, y además se me han pasado las ganas.

GUARDIA CIVIL 1.—Usted verá. Como usted quiera.

(Me saluda llevándose la mano al tricornio no sé por qué. Se aleja juntándose al otro número y al preso, que ahora dormita. Yo me voy a un rincón, me acurruco con ella lo más escondido posible y la dejo hacer. Aparecen entonces de nuevo nuestros eternos visitantes, y se acercan a mí.)

MI PRACTICANTE.—¡Ya está bien! Mira, está aquí tu tío santo.

SACERDOTE.—Es pecado mortal. ¿Te das cuenta bien? Pecado mortal.

EL NOVIO MILITAR DE MI HERMANA MAYOR.—¡Santo y seña! ¡Santo y seña ahora mismo!

MI MAESTRO.—Tenías que estar estudiando. No te das cuenta. No puedes andar perdiendo el tiempo. No es por el cielo ni esas gaitas. Es por las matemáticas.

SACERDOTE.—Con doce años ya puedes ir al infierno.

YO.—Ya no tengo doce años.

SACERDOTE.—Entonces los tenías.

YO.—¿Entonces? ¿Cuándo?

SACERDOTE.—Siempre. Siempre tendrás doce años para nosotros. Para mí. Para tus padres. Para tu practicante. Para tu tío santo. Para el novio militar de tu hermana mayor. Para tu maestro...

MI MAESTRO.—No, no, a mí no me meta entre ustedes.

YO.—¡Alguna vez no tendré doce años! ¡Alguna vez no! ¡Alguna vez podré hacer lo que me dé la gana con mi cuerpo! ¡Tendré derecho!

LA VECINA.—Todavía eres muy pequeño. Tienes que hacer caso a las personas mayores, nosotros sabemos lo que te conviene.

YO.—¡Usted cállese! Usted sólo es la vecina.

LA VECINA.—¡Mira el niño!

MI PRACTICANTE.—Además es por tu salud, no seas crío. Tendré que ponerte muchísimas más inyecciones.

MI PADRE.—¿Qué pasa, Justa?

MI MADRE.—Nada, es José Luis. Anda, duérmete.

SACERDOTE.—¿Quieres que llamemos a los guardias y te aten con el otro preso?

MI PRACTICANTE.—Por su bien tenemos que llevarnos a la chica.

YO.—¡Suéltenla! ¡Suéltenla ahora mismo!, ¿me oyen?

GUARDIA CIVIL 1.—¿Qué pasa ahí, vamos a ver?

GUARDIA CIVIL 2.—Pero bueno, ¿qué le ocurre?

YO.—Ustedes no se metan. Ustedes han venido sólo para llevar al preso.

GUARDIA CIVIL 1.—Nosotros estamos siempre de servicio.

MI PRACTICANTE.—Ayúdenme a sacarla de aquí, por favor.

YO.—¡No la toquen!

EL NOVIO DE MI HERMANA MAYOR.—Quieto o tendré que clavarte la bayoneta. Si no te sabes el santo y seña tienes que estarte ahí, quieto, hasta que venga el cabo de guardia; si no, te disparo, te clavo la bayoneta varias veces en la tripa, apretando con el pie para que salga. Todo por la patria. Lo más importante es la disciplina.

YO.—¡No!

EL NOVIO DE MI HERMANA MAYOR.—¡Sí! En el ejército te hacen un hombre. Te enseñan a disparar, y a tirar bombas de mano después de arrancar la anilla. Hay clases teóricas y prácticas. Hay instrucción. Tienes que saludar a tus superiores. Y hay que saberse en cada momento el santo y seña que te manden. Eso es todo.

MI PRACTICANTE.—Lo mejor será ponerle ahora otra inyección de calcio.

SACERDOTE.—Padre nuestro que estás en los cielos, santificado sea tu nombre, venga a nosotros tu reino...

> *(Me rodean y yo trato de encontrar ayuda en* MI MAESTRO, *que se aleja.)*

MI MAESTRO.—Me marcho, ya no se puede hacer nada. Si hubieras trabajado un poco más... Tenías una posibilidad, una sola, y... Te dejo con ellos. Al fin y al cabo, ¡qué más da! Buscaré otro, encontraré otro, y empezaré de nuevo. A lo mejor otro... Adiós. Me voy, José Luis. Lo siento. Hice lo que pude... lo que pude... Si hubieras estudiado un poco más... matemáticas... pero eras un niño... tú qué sabías...

> *(Y se aleja moviendo la cabeza a un lado y a otro, derrotado como tantas veces.* YO *me quedo rodeado de los fantasmas negros de mi mente mientras se escuchan aún sus últimas palabras a lo lejos...)*

La beca... Si te hubieran dado la beca... la beca... la beca...

> *(... Los demás aprovechan que sólo soy un niño, un niño...)*

EL NOVIO DE MI HERMANA MAYOR.—¡Santo y seña!... ¡Santo y seña!...

SACERDOTE.—Reza conmigo: Padre nuestro, que estás en el cielo...

EL PRACTICANTE.—Hay que ponerle inyecciones, muchas inyecciones...

LA VECINA.—Haz caso a las personas mayores, las personas mayores...

> *(Y yo grito desesperado en mitad de mi pesadilla de hombre, de hombre...)*

Yo.—¡No! ¡No!

Altavoz.—«¡Viajeros al tren! ¡Señores viajeros al tren! ¡Atención, atención! ¡Todos los señores viajeros al tren. Vía primera, andén primero! ¡Atención. Atención!...»

Mi padre.—¡Al tren! ¡Ha dicho al tren! Deprisa. ¿Pero qué haces así, José Luis, por Dios? ¡Va a salir el tren! ¡La maleta! Coged las maletas y los bultos... ¡Va a salir! Vamos, Justa... Vamos... ¡Este chico!

Mi madre.—Juanma, aquí a mi lado, hijo. Y tú, Pili, péinate un poco esos pelos.

(Yo *estaba dormido... Estaba soñando... soñando... estaban aquí todos...*)

Mi padre.—Vamos, deprisa, José Luis, espabila, coge tus cosas.

Mi hermana mayor.—Yo cojo las cajas. Y las mantas.

Mi hermana mediana.—Será un tren precioso, tranquilo, y nos llevará a un sitio con sol, con mar, con árboles gigantes y con flores amarillas.

Mi hermana pequeña.—He tenido una pesadilla mamá. Soñé que se llevaban a José Luis.

Mi madre.—Hija, no digas eso.

Mi padre.—Venga, vámonos.

Mi hermano pequeño.—¿Y la abuela? ¿No viene la abuela? No se mueve.

Mi padre.—Dejarla. A lo mejor ya está muerta aquí.

Mi madre.—¿Y vamos a irnos sin ella, dejándola aquí así? Es mi madre.

Mi padre.—¿Qué quieres que hagamos? Es por los chicos. Si nos quedamos aquí... Es mejor irnos. Ella no puede.

Mi hermano pequeño.—¿A lo mejor está dormida, no?

Mi hermana pequeña.—No, está muerta porque no respira, ¿verdad, papá?

Mi padre.—Sí, está muerta.

Mi hermana mediana.—¿Me tengo que quedar yo aquí con la abuela, José Luis?

Mi padre.—No, hija, tú todavía no.

Mi hermana mayor.—Adiós, abuela. Cuando nazca mi hija, no te olvidaré.
Mi madre.—Yo también me quedo, estoy muy cansada.
Yo.—Vamos, mamá. No puedes quedarte aquí ahora.
Mi hermana mayor.—Sí, vamos, mamá.
Altavoz.—«¡Último aviso! ¡Viajeros al tren!...»
Mi padre.—¡Vamos, vamos!

> *(Y nos ponemos en marcha todos juntos, menos* La abuela, *que se queda acurrucada y sonriente sentada en su butaca en un rincón de la sala de espera. Antes de llegar a la puerta paramos, quedando por un momento la fotografía de nuestras espaldas recortadas sobre la puerta que lleva al andén.* Yo *vuelvo entonces la cabeza y miro atrás. Miro a* La abuela *un momento y me dice adiós con la mano. Luego salimos.)*

ESCENA SEXTA Y ÚLTIMA
EL ANDÉN DE LAS DESPEDIDAS

(Y estamos ya en el andén. Hay una gran confusión de gentes y ruidos a nuestro alrededor. Los altavoces llenan el lugar de órdenes a ejecutar, de leyes a obedecer, de normas, de consignas, de propagandas. Miro a los míos y les veo mucho más envejecidos, cansados, como negándose a revivir los últimos recuerdos. Entonces YO les coloco en sus lugares, les doy las últimas instrucciones, y todo comienza una vez más a suceder.)

YO.—Tú estabas aquí, padre, tú a su lado, mamá. La abuela no, se había quedado en la sala de espera. Vamos, abuela, vamos. Tiene que quedarse dentro. Llévese su butaca de mimbre. Llévesela ya. Vosotros aquí, todos juntos, con los bultos. Estábamos nosotros solos. Acabábamos de salir de la sala de espera. No, ustedes no están aquí, es sólo la familia; nuestros fantasmas no entran hasta después. Pitaba el tren. Sonaban los altavoces con órdenes.

ALTAVOCES.—«... colóquense en filas... todos con las documentaciones a punto... sigan las instrucciones... preparen los billetes.»

YO.—Pasan ahora los dos guardias civiles a nuestro lado con el preso. Pasen. Pasen ya.

GUARDIA CIVIL 1.—Adiós, adiós, señores. Buen viaje.

GUARDIA CIVIL 2.—Adiós, y mucho gusto.

Yo.—Y tú, padre, estabas preocupado porque no nos perdiéramos ninguno. Y tú, mamá, le decías lo de los cupones.

Mi padre.—Sí, ya me acuerdo. ¡Venid todos! Cuidado, todos juntos, no vayáis a perderos alguno.

Mi madre.—José, deberías repartir los cupones de la cartilla de racionamiento, y algo de dinero a cada uno de los chicos, por si nos separamos, o pasa algo.

Mi hermana pequeña.—¿Por si nos separamos? ¿Nos separamos de quién, mamá?

Mi hermana mayor.—Nosotros. Los unos de los otros.

Mi hermana pequeña.—¡Mamá! ¡Yo quiero estar con mi mamá!

Mi madre.—No te preocupes, mi vida. Verás cómo no pasa nada malo. Estaremos juntas tú y yo, juntas. Tú te quedarás.

Mi padre.—Sí. Toma tú esto, José Luis.

Yo.—¿Yo? Yo no quiero. ¿Por qué yo?

Mi padre.—Y tus hermanos también, pero tú sobre todo, por si acaso, ¿comprendes?

Yo.—No... yo no.

Mi madre.—Tienes que comprender. Tú ya eres un hombre. A lo mejor tu padre y yo no podemos ir.

Mi hermana pequeña.—¡Mamá! ¡Mamá!

Altavoz.—«¡Atención, atención!: ¡Último aviso. Prepárense para tomar el tren. No se aglomeren. Orden. Hay sitio para todos. Para todos los que tengan billete. Cada persona ha de dirigirse al revisor, para que compruebe su billete y le indique en qué vagón deben montar. Sigan las instrucciones. Repito. Sigan las instrucciones!»

Mi hermano pequeño.—«¡Viajeros al tren! ¡Piiii! ¡Todos al tren! ¡Chacachacachaca...!»

Mi padre.—¡Juanma! Aquí, de mi mano. No te sueltes. Toma tú esto, Tere, para ti. Y tú, Carmen. Yo me quedo con lo demás para vuestra madre y para mí. También para los dos pequeños. Es sólo por si acaso. Seguiremos juntos. Todos juntos. Ya veréis cómo no nos dicen nada. Cargar con todo y vamos a una puerta. Lo más importante es subir.

MI MADRE.—A lo mejor nosotros no podemos...

MI PADRE.—Veremos qué se puede hacer. Les diré que... ya veremos, el caso ahora es montar.

MI HERMANA MAYOR.—¿Y mi hija?

MI PADRE.—Eso es lo de menos. Tu hija no necesita billete. Sólo si estás aquí.

MI HERMANA MAYOR.—Yo tengo que estar donde nazca mi hija y cuidar de ella, como mamá cuida ahora de Pili, y de Juanma.

MI PADRE.—No me vuelvas loco. Ahora lo importante es subir.

MI HERMANA MEDIANA.—Yo no quiero quedarme aquí. Es un sitio feo, gris, y triste. Tengo que llegar hasta el mar, hasta el mar...

MI PADRE.—Si no podemos ir vuestra madre y yo, nos quedamos aquí. Vais vosotros. Podéis venir a vernos en Navidad, y en nuestro santo.

MI MADRE.—Y cuando estemos enfermos.

MI PADRE.—Bueno, en eso no hay que pensar, mujer. Estaremos aquí, en la sala de espera.

(Y suenan ruidos de hierros retorciéndose sobre la tierra. Empieza a llover débilmente, y se mezclan las gotas tenues con el vapor del tren. Amanece.)

MI MADRE.—Mandarnos fotografías para el álbum. Fotografías de vuestras bodas, de vuestros hijos, de cuando os acordéis de nosotros. Aunque sea una fotografía de carné.

MI HERMANA PEQUEÑA.—¡Mamá!

MI MADRE.—No llores, mi amor. Tú te quedarás conmigo. Tú te quedarás.

MI PADRE.—Espera, mujer. A lo mejor podemos ir todos.

MI HERMANO PEQUEÑO.—Yo cuando sea mayor iré a la mili y os mandaré una foto haciendo guardia.

MI PADRE.—Ese vagón tiene la puerta abierta. ¡Vamos todos juntos, ahora! ¡Tenemos que intentarlo! ¡Tenemos que intentarlo!

(Y nos dirigimos adelante, hacia esa puerta abierta, todos juntos, apretados, dándonos fuerzas unos a otros. Aparece entonces EL REVISOR.*)*

EL REVISOR.—¿Dónde van ustedes?
MI PADRE.—Al tren.
EL REVISOR.—¿Me hace el favor de los billetes?
MI PADRE.—Ya le dije antes que los tenía... pero me tiraron la casa... con las prisas... también vino la guerra... y no pude... Siempre he hecho lo que me han mandado.
EL REVISOR.—Lo siento. Si no tienen billetes, no pueden subir.
MI MADRE.—¿Mis hijos tampoco?
EL REVISOR.—Si no tienen billete, no. A ver si lo entienden ustedes de una vez; al tren sólo pueden subir las personas que tienen billete.
MI MADRE.—Nosotros ya no pensábamos casi en subir, la verdad. La abuela se quedó en la sala de espera, y nosotros dos... podemos volver... pero ellos, es para que no tengan que vivir como hemos vivido nosotros, ¿comprende? A ver si podía usted por favor hacer algo. Yo estoy enferma, y él ha trabajado toda la vida. Es por los chicos.
EL REVISOR.—Los que tienen billete pueden subir, los que no, no. Es así. Yo no tengo la culpa. Lo demás no importa.
MI PADRE.—Lo demás no importa...
MI MADRE.—¡Entonces quién tiene la culpa! ¿Quién la tiene? ¡¿Quién?!

*(*EL REVISOR *cierra la puerta del vagón y se queda mirándonos desde detrás del cristal.* MI MADRE *y* MI PADRE *se miran entristecidos, secos, impotentes, muertos ya. Nos aplastamos contra ellos dándoles lo poco que podemos darles en ese momento. Y nos quedamos allí juntos, quietos y tristes pero juntos, viendo a los que tienen billetes tomar el tren. Llegan entonces nuestros eternos acompañantes a consolarnos. Sólo falta* MI MAESTRO. *Los demás están todos; y hacen su oficio.)*

MI PRACTICANTE.—Bueno, mientras haya salud. No hay que tomárselo así.

SACERDOTE.—Resignación. Lo de menos es irse o quedarse. Estamos aquí todos sólo de paso.

EL NOVIO MILITAR DE MI HERMANA MAYOR.—Cuando acabe la mili nos casaremos, si encuentro trabajo, y seremos felices. Ahora lo importante es que no me arresten. Yo voy bien, ahora estoy haciendo el curso de cabo. Aunque lo que más falta hace es que haya paz. En el cuartel nos han enseñado que lo más importante de todo es la paz.

LA VECINA.—Justa, no te preocupes, mujer. Aquí estamos las vecinas. Al fin y al cabo muy pocos han cogido el tren. Los que son como nosotros estamos aquí. Cada uno en su sitio. Si es que en el fondo es mejor.

(Entonces veo llegar abriéndose paso entre la gente a MI MAESTRO. *Y veo que esta vez no mueve la cabeza a un lado y a otro. Tiene otra cara diferente, otra cara, otra cara.)*

MI MAESTRO.—¡José Luis! ¡Lo conseguiste! ¡La beca! Te han dado la beca al fin. La beca es tu billete. ¿Entiendes? ¡Es tu billete! Puedes subir. ¡Puedes subir! Estabas en la lista. ¡Lo entiendes! ¡En la lista! ¡Tómalo! ¡Toma tu billete!

(Cojo el billete. Él me abraza. Estoy como paralizado sin acabar de comprender. Los demás me miran ya como algo diferente. De pronto YO *soy de los que tienen billete y ellos no.* MI MAESTRO *sigue hablando y hablando. Ahora es otra persona diferente. Es otra persona a la que siempre conocí.* MI PADRE *y* MI MADRE *siguen su explicación asintiendo con la cabeza.)*

Fui a la delegación por una corazonada... pregunté... me dijeron que habían salido unas nuevas listas... entonces me puse a mirar y lo vi... estabas allí... ¡Estabas!... entonces vine corriendo... corriendo como nunca he corrido en mi vida... ¿Lo entiende usted? ¡Le han dado a su hijo la beca! ¡Se la han dado! ¡Te la han dado! ¡Puedes subir! ¡Puedes subir! ¿Ves cómo nunca te enteras de nada? ¡Que puedes subir al tren!

Yo.—¿Y ellos?

MI MAESTRO.—¿Ellos?

MI PRACTICANTE.—Sí, ¿y ellos?, ¿quieres que se marche dejándolos así? Lo más importante de todo en la vida es ser un buen hijo. Ellos te necesitan. Si te vas te separarás de ellos para siempre. Tu lugar está aquí, ¿entiendes?, aquí, con ellos, haciendo por ellos lo que ellos han hecho por ti hasta ahora, ayudándolos, cuidándolos, siendo como ellos.

MI MAESTRO.—Tienes que marcharte ahora mismo ¡¿Lo oyes?! Va a salir el tren. Tienes que cogerlo. Tienes que irte.

LA VECINA.—¿Vas a dejar a tus padres ahora, cuando más te necesitan?

MI PRACTICANTE.—Estarás siempre arrepintiéndote si lo haces. Piénsalo bien.

SACERDOTE.—Ya sabes la parábola del hijo pródigo. Tu puesto está aquí, con los tuyos, sacrificándote, cumpliendo con tu deber.

EL NOVIO MILITAR DE MI HERMANA MAYOR.—Cumplir con el deber es muy importante. A mí me lo han enseñado en el cuartel.

MI PRACTICANTE.—¿Irte para qué? ¿Qué es lo que buscas? ¿Ser más que ellos? ¿Quieres abandonarlos a todos? ¿Eso es lo que quieres? ¿Ser más que ellos?

Yo.—Podría esperar a que fuéramos todos juntos... Esperar a que ellos tengan también billete.

MI MAESTRO.—¡Nunca lo tendrán! ¿Lo oyes? ¡Nunca! Tú puedes. Tú tienes que irte. Por ti. Por ellos. Por mí.

Yo.—¿Y ellos?... ¿Y ellos?...

MI MAESTRO.—¡Vete! Y apréndete todas las matemáticas para que no puedan seguir engañándote. Alguien tiene que ir. ¿Lo comprendes? Alguien tiene que ir. Y algún día... ¡Algún día!...

(Miro a mi familia, que no dice nada. No entiendo bien lo que está pasando, pero me sonríen desde el

montón de maletas y trastos viejos. Entonces se mueven por un momento, hablan entre ellos, y MI PADRE se acerca con algo en las manos que me da. Me abraza y se separa. Subo al tren como un autómata, con el paquete que me acaba de dar MI PADRE en las manos. Subo porque sé que tengo que subir. Y el tren arranca lentamente. Les mando mis lágrimas en el tiempo mientras me alejo y ellos van desapareciendo al fondo. Entonces desenvuelvo lo que me dio MI PADRE, y lo miro. Es un álbum. El álbum familiar. Lentamente empiezo a pasar sus hojas, y descubro por qué tengo que ir, por qué me tuve que ir, mientras el tren avanza.)

TELÓN

BAJARSE AL MORO

A Margarita Piñero.

ACTO PRIMERO

ESCENA PRIMERA

(Habitación destartalada en una calle céntrica del Madrid antiguo. Pósters por las paredes y un colchón en el suelo cubierto de almohadones. Sobre una mesa, revistas pop, como Víbora, Tótem, *y otras. En un rincón, una señal de tráfico, y en el otro, una jardinera municipal. Sobre ella, una jaula con un hámster. En el centro, una mesita con aire moruno y unos sillones de mimbre de antes de la guerra. Además hay tiestos y otros cachivaches inesperados, como una cabeza de esclavo egipcio con una gorra puesta, y cosas por el estilo encontradas en el Rastro. A la derecha, formando un recodo, se ve la puerta que da a las escaleras de salida a la calle. A la izquierda, una ventana por la que entran los ruidos de la ciudad. Y al fondo, una cocinilla, una puerta que da al lavabo, y otra que da a un cuarto pequeño. Por las paredes anda una flauta, un mantón de Manila, unos bafles que no suenan, un armario, una colección de llaves, la cara de Lennon, el espejo de la Cenicienta* y un horóscopo chino. Y sin embargo, a pesar del aparente desorden, hay algo acogedor, relajante y bueno para los que están de los nervios; porque es un lugar tranquilo y pacífico donde el caos que uno lleva dentro se encuentra lógico y con ganas de tomar asiento. Al comenzar nuestra historia, en escena está* JAIMITO, *un mu-*

---

* El significado de las expresiones o palabras marcadas con asterisco está recogido en el Glosario (pág. 185), ordenado alfabéticamente. *(N. del E.)*

chacho delgaducho de edad indefinida, haciendo sandalias de cuero. Suena «Chick Corea»* en un casete. Es la una de la tarde y entra el sol por la ventana de la habitación.)

> *(Se abre la puerta de la calle y aparece la cabeza de* CHUSA, *veinticinco años, gordita, con cara de pan y gafas de aro.)*

CHUSA.—¿Se puede pasar? ¿Estás visible? Que mira, ésta es Elena, una amiga muy maja. Pasa, pasa Elena. *(Entra, y detrás* ELENA *con una bolsa en la mano, guapa, de unos veintiún años, la cabeza a pájaros y buena ropa.)* Éste es Jaimito, mi primo. Tiene un ojo de cristal y hace sandalias.

ELENA.—*(Tímidamente.)* ¿Qué tal?

JAIMITO.—¿Quieres también mi número de carné de identidad? ¡No te digo! ¿Se puede saber dónde has estado? No viene en toda la noche, y ahora tan pirada* como siempre.

CHUSA.—He estado en casa de ésta. ¿A que sí, tú? No se atrevía a ir sola a por sus cosas por si estaba su madre, y ya nos quedamos allí a dormir. *(Saca cosas de comer de los bolsillos.)* ¿Quieres un bocata*?

JAIMITO.—*(Levantándose del asiento muy enfadado, con la sandalia en la mano.)* Ni bocata ni leches. Te llevas las pelas, y la llave, y me dejas aquí colgao, sin un duro... ¿No dijiste que ibas a por papelillo*?

CHUSA.—Iba a por papelillo, pero me encontré a ésta, ya te lo he dicho. Y como estaba sola...

JAIMITO.—¿Y ésta quién es?

CHUSA.—Es Elena.

ELENA.—Soy Elena.

JAIMITO.—Eso ya lo he oído, que no soy sordo. Elena.

ELENA.—Sí, Elena.

JAIMITO.—Que quién es, de qué va*, de qué la conoces...

CHUSA.—De nada. Nos hemos conocido anoche, ya te lo he dicho.

JAIMITO.—¿Otra vez? ¿Qué me has dicho tú a mí, a ver?

CHUSA.—Que es Elena, y que nos conocimos anoche. Eso es lo que te he dicho. Y que estaba sola.

Elena.—*(Se acerca a* Jaimito *y le tiende la mano presentándose.)* Mucho gusto.

> (Jaimito *la mira con cara de pocos amigos y le da la sandalia que lleva en la mano; ella la estrecha educadamente.)*

Jaimito.—¡Anda que...! Lo que yo te diga.
Chusa.—*(A* Elena.) Pon tus cosas por ahí. Mira, ése es el baño, ahí está el colchón. Tenemos «maría»* plantada en ese tiesto pero casi no crece, hay poca luz. *(Al ver la cara que está poniendo* Jaimito.) Se va a quedar a vivir aquí.
Jaimito.—Sí, encima de mí. Si no cabemos, tía, no cabemos. A todo el que encuentra lo mete aquí. El otro día al mudo, hoy a ésta. ¿Tú te has creído que esto es el refugio El Buen Pastor, o qué?
Chusa.—No seas borde*.
Elena.—No quiero molestar. Si no queréis no me quedo y me voy.
Jaimito.—Eso es, no queremos.
Chusa.—*(Enfrentándose con él.)* No tiene casa. ¿Entiendes? Se ha escapado. Si la cogen por ahí tirada... No seas facha. ¿Dónde va a ir? No ves que no sabe, además.
Jaimito.—Pues que haga un cursillo, no te jode*. Yo lo que digo es que no cabemos. Y no digo más.
Chusa.—Sólo es por unos días, hasta que se baje al moro* conmigo.
Jaimito.—¿Que se va a bajar al moro contigo? Tú desde luego tienes mal la caja*.
Chusa.—¡Bueno! *(Se desentiende de él y va hacia la cocina.)* ¿Quieres un té, Elena?
Elena.—Sí, gracias; con dos terrones.

> *(Se sienta cómodamente para tomar el té.* Jaimito *la mira cada vez más preocupado, y* Chusa *canturrea desde la cocina mientras calienta el agua.)*

Jaimito.—¿Y por qué vas a llevarla? Quieres que nos cojan, ¿no?

CHUSA.—*(Desde la cocina.)* Será que me cojan a mí, porque a ti, ahí sentado...

JAIMITO.—Oye, no sé a qué viene eso. Sabes muy bien que no voy por lo de la cara sospechoso. Pero yo vendo, ¿no? ¿O me echas algo en cara?

CHUSA.—Lo único que digo es que se va a venir conmigo, para sacar pelas. Y ya está.

JAIMITO.—Pues que venda aquí si quiere, pero ir no. Si es una cría.

ELENA.—Es que, como quiero viajar...

JAIMITO.—Pues hazte un crucero, tía. ¿Pero tú le has explicado a ésta de qué va el rollo*? A ver si se cree que esto es ir de cachondeo con Puente Cultural*.

CHUSA.—*(De la cocina, con el té.)* Tú no te metas; eso es cosa mía. ¿Con mucho azúcar has dicho, Elena?

ELENA.—Dos terrones.

CHUSA.—Es que no tenemos terrones aquí.

ELENA.—Bueno, pues regular de azúcar. Es que engorda. Trae, me la echo yo. ¿Sacarina no tenéis?

CHUSA.—No.

ELENA.—¿Y la cucharilla, para darle vueltas?

JAIMITO.—Trae, te doy las vueltas con el dedo.

CHUSA.—*(Cortándole.)* ¡Venga, tú! *(A* ELENA.*)* Mete la parte de atrás de la cuchara *(A* JAIMITO.*)* ¿Tú quieres?

JAIMITO.—*(Seco.)* No.

(Beben las dos mientras él, malhumorado, vuelve a su trabajo con las sandalias.)

ELENA.—¿Saco las cosas?

CHUSA.—Sí. No las pongas ahí. Ése es el rincón de Alberto; no le gusta que le desordenen ni le toquen nada. Ya le conocerás luego. Está chachi*, te va a gustar. Es muy alto, fuerte, moreno, con una pinta que te caes. ¡Ah! Ése es Humphrey*, el hámster. Le encanta la lechuga.

ELENA.—*(Al mirar al rincón de* ALBERTO *ve una porra sobre un mueble.)* Parece una porra. *(Se acerca y la coge.)* Oye, es igualita que esas que llevan los...

JAIMITO.—*(A* CHUSA, *que está llevando lo del té a la cocina.)* Me vas a acabar metiendo en un mal rollo por tu alma de monja recogetodo que tienes. Bueno, ¿y las pelas para el billete?

CHUSA.—*(Desde la cocina.)* Las pones tú, que para eso te quedas aquí dándole a las sandalias, mientras yo ando de safari jugándomela.

JAIMITO.—A ti hoy la goma de la olla no te cierra*. ¿Quién organiza aquí, eh? ¿Y quién controla para que todo salga bien?

CHUSA.—*(Volviendo de la cocina.)* Santa Rita. *(A* ELENA *ahora, al verla con la porra en la mano.)* No toques eso; es de Alberto. Se mosquea* rápido en cuanto nota que alguien ha andado ahí. Mete tus cosas aquí, en mi armario.

ELENA.—Es que es igualita... ¿Os habéis fijado cómo se parece a las que lleva la...?

JAIMITO.—*(Cortándola.)* ¿Qué es eso?

ELENA.—¿Esto? Pues ya he dicho, estaba aquí, que se parece a las...

JAIMITO.—No, eso. Eso que llevas debajo el brazo.

ELENA.—¿Esto? *El País. El País* de hoy. ¿Por qué?

JAIMITO.—Tú eres una tía tela de rara*. ¿Por qué compras tú el periódico, a ver? ¿Estás buscando piso?

ELENA.—Es que mi madre, siempre que me escapo, manda una foto a *El País,* con un anuncio para que me encuentren. A ver si he salido... *(Hojea el periódico ante la mirada sorprendida de los otros dos.)* Sí, mira, aquí está.

JAIMITO.—¿Ésta eres tú? Pues si te tienen que encontrar por la foto...

CHUSA.—La verdad, no te pareces nada.

ELENA.—Es de cuanto era pequeña. Hace mucho que no me hago fotos. Salgo muy mal yo en las fotos.

JAIMITO.—Sí sales mal, sí. Tienes cara de loca.

ELENA.—Como estoy de frente... y luego el papel.

CHUSA.—*(Leyendo el pie de foto.)* «Vuelve a casa, hija, que te perdono. Tu madre.»

ELENA.—*(Recortando el trozo de periódico.)* Hago colección.

JAIMITO.—¿Y no tienes padre, o ése no te busca?
ELENA.—No, padre no tengo.
CHUSA.—Yo tampoco tengo padre. Es mejor.

(Se abre de pronto la puerta de la calle y entra, a todo correr, ALBERTO, *el otro habitante del piso, vestido de policía nacional. Tiene unos veinticinco años, alto y buena presencia.* ELENA *se queda blanca al verle.)*

ALBERTO.—¡La policía! ¡La policía, tíos! ¡Rápido, que vienen! ¡Tirar al water lo que tengáis! ¡Han salido de mi comisaría a hacer un registro, no vaya a ser aquí, que venían para esta zona! *(Esconde el tiesto de «maría». En este momento se da cuenta de la presencia de* ELENA.)
CHUSA.—Es una amiga. Oye, no sé qué vamos a tirar, si no tenemos nada. *(A* JAIMITO.*)* ¿Te queda algo?
JAIMITO.—Una china* grande, pero no la tiro, que es lo único que nos queda. Rápido tú *(A* ELENA*).* A practicar. Toma, métetela donde no te la encuentren.
ELENA.—*(Retrocede asustada sin atreverse a cogerlo.)* ¡Yo no sé!
CHUSA.—¡Trae! *(Coge la china y se mete en el lavabo.)*
JAIMITO.—*(A* ALBERTO, *señalando a* ELENA.*)* Se la ha encontrado.
ELENA.—*(Ofreciendo educada su mano a* ALBERTO.*)* Elena, mucho gusto. Anda que si te pillan... ¿Por qué tienes puesto ese uniforme?
ALBERTO.—Pues porque estoy de guardia, por qué va a ser. *(Va a la ventana, la abre y mira fuera. Luego cierra.)* No se ve nada raro. Yo me largo de todas formas, no sea que... ¿Qué hay de comer?
JAIMITO.—Ahora iba a bajar a la compra. Se largó la Chusa anoche y me dejó sin un clavo*.
ALBERTO.—Salgo a las tres, así que a y cuarto o así estoy aquí.

(Va hacia la puerta, mientras CHUSA *sale del lavabo. En ese momento llaman con golpes fuertes.*

Todos se esconden donde pueden en un movimiento reflejo. Vuelven a golpear más fuerte aún.)

VOZ FUERTE DE MUJER.—¡Abrir de una vez! ¡Alberto! ¡Abre!
ALBERTO.—Parece mi madre.

(Abre la puerta y entra la señora ANTONIA, *madre de* ALBERTO, *gorda y dicharachera. Nada más entrar, empieza a dar golpes con el bolso a su hijo.)*

DOÑA ANTONIA.—¿Se puede saber qué haces aquí, golfo, más que golfo? ¡Ya estás otra vez con toda esta panda! ¡He ido a llevarte el bocadillo a la comisaría y nada! ¡La puerta de la comisaría vacía, sin nadie, y tú aquí! ¡Ya te voy a dar yo a ti...!
ALBERTO.—*(Tratando de sujetarle el bolso.)* Pero, mamá, sólo he venido a por la porra, de verdad, que se me había olvidado.
JAIMITO.—No se ponga así, señora, que no nos comemos a nadie, ni tenemos la lepra.
DOÑA ANTONIA.—¿Y por qué no abríais, eh, degeneraos? Seguro que os estabais drogando bien a gusto, ahí con las jeringuillas. ¡Si estuviera aquí tu padre ya te ibas a enterar tú, sinvergüenza, que eres un sinvergüenza! ¡Eso es lo que eres!
CHUSA.—Señora, no es para tanto. Aquí no hay jeringuillas ni nada de eso. Puede mirar lo que quiera.
JAIMITO.—La ha tomado con nosotros.
ALBERTO.—Mamá, que no. No te enteras. No abríamos porque creíamos que era la policía. Por eso.
DOÑA ANTONIA.—¿La policía? *(Esconde el bolso en medio de un gran sofoco que le entra.)* ¡La policía! ¡Que viene la policía!
ALBERTO.—¡Que no! Que creíamos que era, pero que no era... *(Se da cuenta entonces de la reacción de su madre.)* ¿Qué esconde ahí?... A ver... Seguro que ya ha estado otra vez con lo mismo. ¡Traiga aquí!

(Le quita el bolso de un tirón, muy en policía, y ella trata de impedir que vea lo que hay dentro.)

DOÑA ANTONIA.—¡No, no, de verdad que no...! ¡Dámelo ahora mismo, que es mío!

(Abre ALBERTO el bolso y empieza a sacar montones de baberos de niño, ante la mirada divertida de los demás.)

ALBERTO.—¡Madre! No ve que me va a comprometer si la cogen.
DOÑA ANTONIA.—Es una enfermedad, hijo, ya te lo dijo el médico. Es como el que tiene la gripe, qué le vamos a hacer. Pruebas que nos manda Dios. Peor es lo tuyo de las drogas. Eso además es pecado mortal.
ALBERTO.—*(Muy duro.)* ¡Qué enfermedad ni qué leches!
CHUSA.—Deja a tu madre, que haga lo que le dé la gana, que ya es mayorcita. No te pongas en policía con ella.
ALBERTO.—Es que me va a meter en un follón*. Cualquier día me toca ir a detenerla, fíjate el numerito. Vamos a salir en los periódicos.
JAIMITO.—Como ésta. *(Por* ELENA.*)* Le pone la madre anuncios para que vuelva. Enséñales la foto, anda.
ALBERTO.—Además roba cosas que no valen para nada. Ahora le ha dado por los baberos. ¿Por qué ha cogido todos esos baberos, eh? ¿Es que no tenemos ya bastantes en casa? Toda la casa llena de baberos, montones de baberos. Debajo de la cama, baberos. En la cocina, baberos. En el frigorífico, baberos.
JAIMITO.—Podíais poner una babería.
ELENA.—¿Y eso qué es?
CHUSA.—Está de coña*. *(A* ALBERTO, *que mira ahora de mala manera a* JAIMITO *por la broma.)* Venga, no le des importancia, que no es para tanto. Y vamos a guardarlos, a ver si van a venir y nos detienen por lo que no hemos hecho.
JAIMITO.—O también podíamos poner una guardería.

(Coge un babero y se lo pone. ALBERTO *se lo quita de un tirón.* CHUSA *ayuda mientras tanto a* DOÑA ANTONIA *a guardar los que se le han caído por el suelo.)*

DOÑA ANTONIA.—¿Quién es? *(Por* ELENA.*)*
JAIMITO.—Se la ha encontrado ésta. Como usted los baberos.
ALBERTO.—Bueno, ya, ¿eh? ¡Basta de cachondeos con mi madre, que saco la porra!
JAIMITO.—¡A ver si te vas a mosquear ahora conmigo, madero*, que eres un madero!

(Mira ALBERTO *con tristeza a su amigo, acusando el golpe. Luego mira su reloj.)*

ALBERTO.—Me tengo que ir, no se den cuenta. Ya no creo que vengan, no sería aquí. Cualquier día me vais a meter en un lío entre todos... *(Mira a* JAIMITO.*)* «¡Madero!» Encima.
JAIMITO.—Espera, bajo contigo, así me tomo un café, que estoy en ayunas. *(Le da un golpe amistoso en el hombro.)* Y no te mosquees, que te mosqueas por nada últimamente.

(ALBERTO *reacciona con otro golpe amistoso, y salen los dos dándose puñetazos en un juego que se adivina viene de muchos años atrás.)*

DOÑA ANTONIA.—Un café a la una, qué desbarajuste. *(A su hijo, alcanzándole en la puerta.)* Toma el bocadillo, y estírate la camisa *(le da el bocadillo y le coloca la ropa),* que vas hecho un cuadro.
ALBERTO.—¡Vale! Vale. Hasta luego.

(Salen y cierran la puerta. Se oyen las risas perdiéndose escaleras abajo entre ruidos que indican siguen jugando a golpearse como dos críos. Quedan en escena las dos chicas y DOÑA ANTONIA, *mirándose sin saber qué decirse.)*

DOÑA ANTONIA.—*(Suspirando.)* ¡Ay Dios mío! ¡Qué hijos éstos!

ELENA.—¿Tiene usted más? ¿Más hijos?

DOÑA ANTONIA.—Te parece poco, con este bala perdida. Anda, darme una copa de coñac si tenéis por ahí, a ver si se me quita el disgusto que tengo.

CHUSA.—Se acabó usted el último día la botella. Sólo hay té. ¿Quiere té?

DOÑA ANTONIA.—¿Té? Quita, quita. Yo sólo tomo té cuando me duele la tripa. ¿Y tú quién eres? No te conocía.

ELENA.—Es que soy nueva. Soy Elena. Mucho gusto.

(Le da la mano. DOÑA ANTONIA se limpia la suya y se la estrecha encantada, sorprendida de los buenos modales de alguien en aquella casa.)

DOÑA ANTONIA.—¡Uy! Encantada, hija. Antonia del Campo, calle de la Sal* doce, bajo C. Allí tienes tu casa. ¡Ay Dios mío! Otra infeliz que cayó en el vicio, con la cara de buena que tienes. ¡En fin! *(Se arregla la ropa y coge el bolso.)* Bueno, me voy a echar un bingo. A ver si cojo hoy un par de líneas por lo menos. A esta hora es cuando está mejor, y más decente. Como está enfrente del mercado, sólo señoras, amas de casa y alguna criada.

CHUSA.—Adiós, doña Antonia, que siga usted bien.

ELENA.—Adiós, y encantada.

DOÑA ANTONIA.—Y a ver si venís algún sábado a las reuniones, que si cae un rayo allí no os pilla, no. Hala, adiós.

CHUSA.—No se preocupe, que el sábado vamos sin falta, los cuatro. Adiós, adiós. *(Sale DOÑA ANTONIA.)* ¡Puf! Menos mal. Si no es por el bingo hoy no nos la quitamos ya de encima.

ELENA.—¿Y tenemos que ir el sábado a una reunión? ¿Qué reunión?

CHUSA.—Esa es otra. Un sábado nos lió y nos llevó a una reunión de neocatecumenales*. Sí, sí: «No estás solo, el Señor te guarde...» y todo eso.

ELENA.—Está peor que mi madre.

CHUSA.—¿También es neocatecumenal?

ELENA.—Era lo que le faltaba.

CHUSA.—Pues chica, ésta nos ha metido cada rollo con las catequesis que dan y eso... Además, como es para recuperación de marginales, a nosotros nos viene al pelo*, como ella dice. *(Ríen las dos.)* Como somos «drogadictos», por cuatro porros, sabes; pero es que para ella todas las drogas son iguales, y pecado. Pero el coñac es agua bendita, eso sí.

ELENA.—¿Y qué hacíais allí, el día que fuisteis?

CHUSA.—Cantábamos. Cantábamos todos muy serios: *(Canta imitando.)* «Cuando el Señor dijo Sión... todos nos fuimos al pantano...», o algo así. *(Ríen las dos.)* Como te coja un día por banda no te vas a reír, no. Es peor que el telediario.

ELENA.—¿Y el hijo también es neocatecumenal?

CHUSA.—¿Alberto? ¡Qué dices! Alberto es normal, aunque le veas así vestido de policía, es completamente normal. Bueno, también es que lleva poco tiempo. Es muy guapo, ¿no?

ELENA.—No está mal, aunque así, con esa ropa no me hago una idea.

CHUSA.—Pues a mí me encanta, chica. Con esa ropa, con cualquier ropa, y sin ropa. Bueno, tenemos que prepararlo bien todo para el viaje. Hay que llevar pocos bultos, para que no nos paren, e ir bien vestidas. ¿Sólo tienes eso? ¿No tienes nada que te dé más pinta de mayor?

ELENA.—En casa sí, pero aquí... La falda que tengo en la bolsa, si acaso. *(La saca de la bolsa.)* Me puedo poner ésta, y el jersey marrón. Puedo ir a por más ropa si quieres el fin de semana, que no está mi madre; se va a la sierra.

CHUSA.—¿El fin de semana? Si nos vamos pasado mañana, o al otro como mucho.

ELENA.—¿Así? ¿Tan pronto?

CHUSA.—Ahora en Semana Santa es mejor. Hay más turistas, más lío, viaja más gente... ¿Te echas atrás?

ELENA.—No, no, si quiero ir, pero no sé si sabré así tan pronto. Como no me lo has explicado bien, a lo mejor no sé.

CHUSA.—No hay nada que explicar. Vamos, llegamos, lo compramos, y volvemos.

ELENA.—¿Dónde cogemos el tren? ¿En Atocha?

CHUSA.—Pues sí, en Atocha. ¿Y eso qué mismo da, si es en Atocha o no es en Atocha?

ELENA.—Nada, mujer, es por saber. En Atocha. Este pantalón es muy bonito, me lo tienes que dejar algún día. *(Saca del armario y se prueba un pantalón de* CHUSA.) En Atocha.

CHUSA.—Sí, en Atocha, montamos en el tren, una detrás de la otra. Antes hay que sacar los billetes. (ELENA *la mira sin entender por qué le dice esa tontería.* CHUSA *le ayuda a hacer un hueco en su armario y a colocar sus ropas, probándose algunas que le gustan.)* Bueno, mira: vamos primero a Algeciras, y para eso cogemos el tren en Atocha. Y luego allí, un barco nos cruza en dos horas.

ELENA.—En el barco me mareo. Yo en seguida lo echo todo.

CHUSA.—Mientras no te dé colitis a la vuelta, te puedes marear y vomitar lo que quieras. Está la barandilla del barco puesta a una altura a propósito, y el mar, ni se entera. Te pones en la cola, y hala.

ELENA.—Yo me pongo malísima.

CHUSA.—Si no es nada. Dos horas. No te das ni cuenta. Es peor el tren, que es un latazo. Tarda como doce horas.

ELENA.—¿Tanto?

CHUSA.—Es un mogollón* de tren; está lleno de moros, huele mal... Seguro que nos encontramos a alguien conocido en él, basquilla*. Pero tampoco hay que dar mucho cante*, que están los trenes últimamente fatal; a la mínima de cambio, como te fumes un canuto*, ya la has hecho. Por eso nosotros suavito*. Nos compramos unos bocatas para comer algo en el viaje, y a las diez o así de la mañana llegamos. Sale de aquí a las diez de la noche y llega allí a las diez de la mañana. Doce horas, lo que te digo. Luego en Algeciras vamos rápido, a ver si podemos pillar el barco de las diez y media, o el de las doce como mucho. Llegamos a Ceuta y nos vamos directamente a la estación de autobuses, a Tetuán. Allí cogemos otro autobús, y a Chagüe*, que es un pueblecito rodeado de tres montañas, muy bonito, como esos que salen en las películas, con los techos así redondos, todo blanco, precioso.

ELENA.—¿Tú lo conoces bien, no? A ver si nos vamos a quedar allí en las montañas, y nos perdemos o nos pasa algo... ¿Y lo de dormir y todo eso?

CHUSA.—Allí, en Chagüe, dormimos la primera noche, en una pensión muy bonita que hay, chiquitita. ¡Uy, qué blusa, déjame...! A ver cómo me está. *(Se la prueba.)*

ELENA.—¿Y no cogeremos allí piojos... y cosas?

CHUSA.—¡Qué vas a coger, mujer! No. Bueno, a lo mejor pulgas sí que habrá; pulgas casi seguro.

ELENA.—¡Pulgas!

CHUSA.—No pasa nada. Al día siguiente te has acostumbrado. Y si no, nos echamos limón.

ELENA.—A mí me da un poco de cosa con los moros.

CHUSA.—Conmigo siempre se han enrollado* bien, pero hay que tener mucho cuidado. A un amigo mío en Marruecos, le pillaron mangando* una manzana y le querían cortar la mano. Es la pena para los ladrones.

ELENA.—¿Todavía?

CHUSA.—Fíjate. El tío nerviosísimo, figúrate, y todos sus colegas igual, porque es que veían que se la cortaban. Él tiraba para atrás, pero nada, ellos, cabezones, que se la cortaban. Fíjate, montando una allí que te cagas*. Robas una manzana y te quedas con el muñón.

ELENA.—Qué demasiao.

CHUSA.—De qué, ¿no? Encima de que vamos allí a darles de comer los europeos. ¡Qué pasa! Pero nosotras en plan tranqui*, nos vamos rápido para Chagüe, que allí ya es otra cosa. Y luego como lo veamos. O nos vamos a comprarlo directamente o si nos apetece nos vamos antes a dar una vuelta por Fez o Marraqués, a ver a los encantadores de serpiente, por la calle, que están tocando la flauta ahí, y salen del cesto...

ELENA.—Ay qué bien, qué bonito. ¿Vivas? ¿Vivas las serpientes?

CHUSA.—Si estuvieran muertas y salieran ya sería demasiado, ¿no? Ya verás qué bonito todo allí; y la pensión de Chagüe, con unos arcos que tienen en el patio...

ELENA.—Y con las pulgas.

CHUSA.—Que no pasa nada, y es cantidad de barata además. Es lo más barato allí. Cuesta diez dirjan la noche; unas doscientas pesetas.

ELENA.—¿No podíamos ir a alguna un poco más cara, que no hubiera pulgas?

CHUSA.—Allí hay pulgas en todos los sitios. ¿No ves que es África? Luego ya, desde allí, nos subimos a la montaña, a casa del Mojamé*, que es el que nos lo vende.

ELENA.—¿Y vamos a su casa? ¿En una montaña? ¿Y cómo subimos?

CHUSA.—Por la carretera, por dónde vamos a subir. Hay carretera. Y ya verás, tía, se enrollan de puta madre*. Los moros de la ciudad ya te digo, manguis* que te caes; pero los de la montaña son buena gente.

ELENA.—A mí lo que me da miedo es si no podemos luego volver.

CHUSA.—Venga ya, no digas cosas raras. Yo he ido y he vuelto, ¿no? Dormiremos allí esa segunda noche, en la casa del moro. Ya verás qué punto* tiene todo.

ELENA.—¡Ay hija! Me da un poco de miedo dormir ahí con un moro.

CHUSA.—Por Dios, tía, no vas a dormir con el moro. El moro se va a otro sitio, y a ti te deja en un cuartito de esos que tienen una cama todo alrededor, que parece como si fuera un asiento, pegado a la pared; y duermes allí tumbada, de lado. Allí duermen así siempre, en hilera y de lado. No tienen camas.

ELENA.—¿Y sábanas?

CHUSA.—Pijama también si quieres. Allí no usan eso, pero está precioso, tapizado, bonito, con unas mesas de esas para tomar el té. En cuanto ven que no haces nada, te traen un té. Se enrollan los moros de la montaña de puta madre. Llegamos allí y le decimos al moro: «Mojamé, tenemos estas pelas, así que a ver lo que nos podemos llevar.» ¿Tú puedes conseguir algo de dinero, para traer más?

ELENA.—Si acaso lo que me he traído; o puedo sacar algo de la cartilla si quieres. ¿Y cómo nos lo vamos a traer, lo que compremos?

Chusa.—En el culo, en el chumi*, nos lo comemos, lo que sea. Hay que pasarlo.
Elena.—¿?
Chusa.—Tenemos que convencerlos para que nos fabriquen ellos el costo*. También nos lo podemos hacer nosotras si queremos, pero es un curre*. Yo por saber, sé. A mí me das unas ramas y te hago un doble cero en nada. Pero te pones las manos hechas polvo. Te salen callos, de apretar.
Elena.—¿El doble cero es el mejor, no?
Chusa.—El primer polvo que da la rama. La rama está llena de polen; al primer toque que le das, cae el polvito blanco; lo coges y se convierte en una bolita de goma negra. Doble cero. Lo mejor.
Elena.—Pero será lo más caro.
Chusa.—Claro. Ten en cuenta que si tienes, qué te digo yo, a lo mejor diez kilos en varas de hachís cortado en ramas, da sólo doscientos gramos o así de doble cero. Si luego le das cien vueltas ya a la varita pues le sacas dos kilos, qué quieres que te diga, pero ya del malo, morralla.
Elena.—Sí. Yo de eso no sé, es mejor que te ocupes tú. Yo fumo y me gusta, pero no entiendo nunca ni lo que fumo. Como no me trago el humo...
Chusa.—No te preocupes que está todo controlado.
Elena.—Yo más que nada es por ir. Bueno, también por sacar algo, porque luego, al venderlo aquí... ¿cuánto se saca?
Chusa.—Veinte veces lo que nos hemos gastado, si es un negocio. Y una aventura. Te metes allí, dos tías además nos lo regalan todo. A mí me han regalado cosas muchas veces. Dicen que tengo cara de mora. Como soy morena...
Elena.—A mí lo que más cosa me da es eso de metérnoslo en el culo. ¿Qué miedo, no?
Chusa.—Qué va, tía. Si es que luego estás allí, y te entra un punto de tranquilidad y de paz que es que estás en la gloria. Y nada. La noche anterior a venirnos, nos hacen las bolas.
Elena.—¿Y de cuántos gramos es cada bola? Yo no sé si...

Chusa.—Te tienes que procurar meter por lo menos cien gramos en la vagina, y otros cien o doscientos en el culo.

Elena.—¡Ay Dios! Yo es que soy estreñida. Si se me queda dentro...

Chusa.—Mejor. Te tomas luego un laxante, y lo echas todo.

Elena.—En el barco de vuelta, mareada y con eso dentro, me muero.

Chusa.—Qué aprensiva eres. Las bolitas son molestas al principio, pero luego se suben para arriba, y no notas nada.

Elena.—Tú me tienes que ayudar, porque si no, no sé.

Chusa.—A ver si te voy a tener que meter yo las bolas. Te las metes tú como buenamente puedas, con vaselina.

Elena.—Habrá que llevar mucha vaselina entonces.

Chusa.—Un kilo, no te digo. Eso con una gota hay más que de sobra. Si no duele nada. Mira, hay sólo un problema, qué quieres que te diga: si nos cogen. Es de lo único que te tienes que preocupar. Por eso en la frontera nos tenemos que poner monas, nos pintamos bien, tranquis, sonrientes, y ya está. Echándole morro* a la vida, que si no te comen. Tú haces todo lo que yo haga. ¡Ah! Y luego muchísimo cuidado en el tren, que es donde cogen a los pardillos. Sacas un porro, se corre el asunto, y ya te has liao. Otras doce horas en la batidora de la Renfe, y a casita.

(Elena, *que lleva un rato intentando hacer una difícil confesión a* Chusa, *por fin se atreve al ver que ésta ha llegado al final de su explicación.*)

Elena.—Tengo que decirte una cosa. ¡Yo no puedo! En el culo, a lo mejor... pero nada más. Chusa, soy virgen.

Chusa.—¿Que eres qué?

Elena.—Virgen. Que nunca he... Nunca. Ni una vez.

Chusa.—No me estarás hablando en serio.

Elena.—Ha sido sin querer, de verdad. Yo no quería, bueno, quiero decir que sí que quería, pero es que los tíos son... Se lo dices y empiezan que si tal que si cual. No se atreven. Ya sabes cómo son de cortados* para todo. Se aprovechan de ti y luego nada.

CHUSA.—Eso hay que arreglarlo en seguida. Se lo decimos esta noche a Alberto y ya está. No me hace gracia, no creas, pero qué le vamos hacer. No vas a seguir así. ¿Te ha gustado antes, no? Pues mejor para ti.
ELENA.—Me da vergüenza.
CHUSA.—Venga, no seas tonta, que eso no es nada. No miramos.
ELENA.—¿Pero vais a estar aquí mientras?
CHUSA.—Pues claro. ¿Qué pasa? ¿Te vamos a comer?
ELENA.—Que me da vergüenza, de verdad.
CHUSA.—Más vergüenza tenía que darte ser virgen en mil novecientos ochenta y cinco; y tan mayor. Debes quedar tú sola, guapa.
ELENA.—Yo y mi madre. También es virgen, sabes.
CHUSA.—¿Quién? ¿Tu madre? (ELENA *asiente con la cabeza.*) Sí claro. Y a ti te trajo la cigüeñita.
ELENA.—De cesárea. Nací de cesárea. Y se quedó embarazada en una piscina municipal, con el bañador puesto y todo, y eso que era de los antiguos. Bueno, eso dice ella.
CHUSA.—¿En una piscina? ¿En una piscina municipal? Sería al tirarse del trampolín. Habría uno debajo haciendo la plancha, y ¡zas!
ELENA.—Es de verdad, no te lo tomes a broma. Yo soy hija de mi madre y de un espermatozoide buceador.
CHUSA.—Desde luego es que no te puedes fiar. Quién sería el animal que se puso allí a... ¡Hay que ser burro, y bestia, y...! Ay, perdona, tú. No me había dado cuenta de que era tu padre.
ELENA.—No, si como no le conozco me da lo mismo. A mí como si me dicen que soy una niña probeta. Paso de orígenes.
CHUSA.—Pues mira, haces bien, qué quieres que te diga. Tampoco creas tú que mi padre era..., para ese padre casi mejor ser hija del Ayuntamiento, como tú. Hoy día además no hay que escandalizarse por nada. Hace poco estuvo aquí durmiendo unos cuantos días uno que hacía Biológicas, y estaba todo el día dándole a un libro de un tal Mendel, que hacía unas guarrerías con los guisantes para que tuvieran hijos

que no te creas. Venían los dibujos y todo. Por dónde se tenía que meter el guisante, lo que hacía cuando estaba dentro y se hinchaba, se hinchaba... Todo, venía todo. Ya ves; más de uno tendrá por padre a un guisante. Claro que se lo callan. No lo van a ir diciendo por ahí como haces tú.

Elena.—Yo no se lo digo a nadie tampoco. A ti porque te conozco, pero a nadie más. Como no conozco a nadie más... Que no intimo yo con nadie, de verdad.

Chusa.—Oye, ¿tú eres un poco rara o me lo parece a mí? Claro, debe ser por lo de virgen. No te regirán bien las neuronas. Esta noche Alberto te pasa al gremio de las normales, no te preocupes.

Elena.—Y yo... ¿qué tengo que hacer?

Chusa.—¿Tampoco sabes eso? No te preocupes, que él te enseñará. Él sí que sabe; ya lo verás. ¿Tomas la píldora?

Elena.—¿Qué píldora? No. Como soy virgen...

Chusa.—Déjalo, no te esfuerces. Vamos a la farmacia a por algo, no te quedes embarazada a la primera de cambio y me toque encima cuidar del niño. Y menos de Alberto, guapa. No me gustaría nada, sabes.

Elena.—Gracias, Chusa. Eres una tía*.

Chusa.—Una madre es lo que soy. Es mi cruz, qué le vamos a hacer. Hala, vamos.

(Van a salir. Abren la puerta, Chusa regresa desde la puerta y apaga el transistor, que estaba sonando muy bajo.)

Elena.—*(Desde la puerta.)* También así, maja, hacerlo la primera vez con un madero me da no sé qué. A ver si me va a pasar algo. Yo soy muy supersticiosa.

Chusa.—Alberto es un tío fetén*. Y lo hace todo bien; si lo sabré yo. Si te lo dejo es porque es de confianza. Y una vez nada más, ¿eh? No te vayas luego a acostumbrar. En la policía también hay tíos normales, como en todos los sitios. ¿Qué te crees, que muerden? Además, como se quitará el uniforme, ni te enteras.

ELENA.—Me imagino. Lo que faltaba era que lo hiciera con el uniforme puesto. ¡Qué escalofrío!, ¿no?

(Salen las dos entre risas y cierran la puerta. Oscuro.)

ESCENA SEGUNDA

(Han pasado varias horas. Son ahora las doce de la noche del mismo día. En escena ALBERTO y CHUSA discuten acaloradamente. Humphrey, el hámster, les mira un tanto melancólico, dando vueltas a su rueda.)

ALBERTO.—¡Ay, yo no, ni hablar! A mí no me liéis.
CHUSA.—Venga, tío, no seas estrecho. ¿No te gusta?
ALBERTO.—No es eso. Es que una virgen es un lío. Que lo haga Jaimito.
CHUSA.—¿Jaimito? Jaimito es un inútil para esas cosas. *(Lo besa.)* Además a ella le gustas más tú. No es tonta, no creas.

(ALBERTO *pasea nervioso por la habitación, vestido como siempre con su nuevecito traje de policía.)*

ALBERTO.—Pues no me da a mí la gana, ya ves. Estamos en un país libre últimamente, ¿no? De algo tiene que servir la democracia, digo yo. Que lo haga otro. Te bajas a la calle y coges al primer salido que pase y te lo subes. ¡Tiene que ser así, de golpe, ahora mismo porque me da la gana! ¿Pero tú que crees que soy yo?
CHUSA.—Que nos vamos dentro de nada al moro, te lo he dicho. Y no va a ir así la pobre.
ALBERTO.—A mí no me metáis en vuestros líos. Yo de todo eso no quiero saber nada, ni si vais ni si dejáis de ir. Y de esto, tampoco. Somos amigos, pero cada uno su vida, y sus cosas. El que vivamos juntos, no quiere decir...

Chusa.—Venga, quítate el uniforme, que va a subir y si te ve así se corta. Y deja de decir chorradas*, que últimamente metes cada rollo que no hay quien te aguante.

(Chusa *trata ahora de irle quitando la ropa.*)

Alberto.—*(Separándose de ella.)* ¡Quieta! Sin tocar, que tocando vale más dinero. No quiero y no quiero. ¡Cómo sois las tías! Os pensáis que estamos siempre dispuestos. ¡Hale, al catre! Y ya está. Y nosotros tan contentos. ¡Pero bueno!
Chusa.—Pues conmigo no le pones tantas pegas al asunto.

(Alberto *se pone tenso ante la alusión de* Chusa *a sus relaciones.*)

Alberto.—¿A qué viene eso ahora? Es otra cosa, ¿no? A ella no la conozco de nada. Tú a veces dirás también que no, digo yo. ¿O es que te metes en la cama con todo el que te lo pide?
Chusa.—¿Y a ti qué te importa con quién me meto yo en la cama?
Alberto.—¿A mí? Pero si no es eso. Yo lo digo por lo de esa tía. Que me quieres liar otra vez.
Chusa.—¿Otra vez, verdad? Mira, vamos a dejarlo.
Alberto.—Lo único que quería decir es que tú no te acuestas con todo el que te lo pide, ¿verdad?
Chusa.—Si es así, un favor como éste... Contigo siempre he querido.
Alberto.—¿Y ha sido un favor?
Chusa.—No digo eso. Pues sí que nos entendemos hoy bien.
Alberto.—Yo no necesito que nadie me haga favores de ese tipo, ¿entiendes? Ni tampoco me gusta hacerlos. Era ya lo que faltaba.
Chusa.—Eres un estúpido, eso es lo que eres.

(*Se oye llegar a* Elena *y* Jaimito *por las escaleras. Están abriendo la puerta de la calle.*)

Chusa.—Lo único que te digo es que puedes hacer lo que quieras, pero a mí no me vuelvas a hablar.

(Entran los otros dos, cargados de cervezas de litro, bolsas de patatas fritas, etc.)

Jaimito.—Ya está todo aquí. Lo que nos ha costado encontrar algo abierto. Todo preparado para la bacanal romana: patatas fritas eróticas marca «La Riva», foiegras de cerdo salido «El gorrino de oro», Mahou* a tutiplén, y aceitunas rellenas de afrodisiacos «La olivarera malagueña».

(Ha ido colocándolo todo encima de una mesa. Traen vasos de la cocina, abren las cervezas y empiezan a beber.)

Elena.—*(Coqueta.)* Hola, Alberto, ¿qué tal?
Alberto.—*(Agresivo.)* Yo bien, ¿por qué?
Elena.—*(Más coqueta aún.)* No, por nada. Era sólo por saber cómo estabas, si estabas bien o no.
Jaimito.—*(Poniendo el casete.)* Un poco de musiquita para ir creando ambiente.

(Se escucha a Los Chunguitos en una rumba flamenca apropiada para el momento. Siguen comiendo y bebiendo.)

Elena.—*(Acercándose a* Chusa *le da con el codo y le habla por lo bajo.)* ¡Tiene el uniforme!
Chusa.—*(Le contesta también por lo bajo.)* Ya se lo quitará. O se lo quita él o se lo quitamos nosotros, no te preocupes. Acércate a él, dile algo.
Elena.—*(Acercándose muy insinuante a* Alberto.) ¿Bailamos?
Alberto.—No. Con el uniforme puesto no se puede bailar. Está prohibido.
Elena.—*(Con una risita.)* Pues quítatelo.

JAIMITO.—¿Qué calor, no? *(Se quita el jersey.)* Hace un calor aquí... ¿Tú no tienes calor? *(A* ALBERTO.) Quítate algo.
ALBERTO.—Qué manía habéis cogido todos con que me quite la ropa. Quitárosla vosotros si queréis.
CHUSA.—Por lo menos quítate la pistola, a ver si nos vas a dar a uno.
ALBERTO.—*(Se la quita y la pone encima de su armario.)* Sin tocarla, ¿eh? Que da calambre. *(Risita de* ELENA.)

> *(*JAIMITO *sirve cerveza y sigue bebiendo. Luego se pasan unos canutos. La música rumbera va subiendo y el clima se va calentando. Suenan en esto unos golpes muy fuertes en una pared de la habitación.)*

CHUSA.—Ya está ahí el plasta* ese incordiando.
JAIMITO.—Pasar de él. Que tire la casa si quiere.

> *(Canta ahora* JAIMITO *la música del casete, y taconea al ritmo flamenco.)*

> «... Pues me he enamorao
> y te quiero y te quiero,
> y sólo deseo estar a tu lado,
> soñar con tus ojos, besarte los labios,
> sentirme en tus brazos
> que soy muy feliz.
> Si me das a elegir,
> entre tú y la gloria,
> pa que hable la historia de mí
> por los siglos,
> ay amor, me quedo contigo...»*.

> *(Se oye una voz desde el otro lado del tabique, hablando a gritos.)*

OFF.—¡Tengo que dormir! ¡Bajen la música!
ELENA.—Si sólo son las doce. ¿Quién es? ¿Por qué se pone así?

JAIMITO.—Siempre está igual.
CHUSA.—Madruga el hombre, y claro...
JAIMITO.—Pues que no madrugue. *(Sigue con Los Chunguitos.)*

>«Si me das a elegir,
>entre tú y ese cielo,
>donde libre es el vuelo,
>para ir a otros nidos,
>ay amor, me quedo contigo.
>Si me das a elegir,
>entre tú y mis ideas,
>que yo sin ellas,
>soy un hombre perdido,
>ay amor, me quedo contigo.
>Pues me he enamorao,
>y te quiero y te quiero
>y sólo deseo estar a tu lado...»

(Canta ahora JAIMITO directamente a ELENA, que le sonríe encantada.)

>«Soñar con tus ojos,
>besarte los labios,
>sentirme en tus brazos
>que soy muy feliz...»

ALBERTO.—*(Metiéndose en medio, un poco molesto de haber pasado a segundo plano.)* Es un cura, sí, sí. Dice misa en las monjitas, ¿verdad? A las cinco de la mañana. Y el hombre no pega ojo.

CHUSA.—Me ha dicho la portera, que es muy maja, que el otro día se fue a quejar, y ella le dijo que en esta casa había libertad religiosa, y que lo que tenía que hacer era trabajar en algo decente, como Dios manda, y no andar con las monjas por ahí a esas horas. *(Risas de los tres.)*

(JAIMITO sigue intentando canturrearle a ELENA, pero ALBERTO está ya delante, descaradamente, y le sigue dando su explicación.)

ALBERTO.—Que diga la misa por la tarde. Ahora ya dejan. O por la noche. Se tendría que perder la película de la tele, claro. Todo el día con la tele puesta, y nos tenemos que aguantar. Y luego nosotros ponemos la música, y jaleo.

JAIMITO.—El otro día me lo encuentro por la escalera y empieza a decir gilipolleces. Le dije que se mudara*, y me dice el prenda que el que se tenía que mudar era yo, que huelo mal. No te jode. Están fastidiados porque están todos ahora medio en el paro. Se le está acabando el chollo*. Alguna misa en las monjitas, y vale. Así está, medio ido.

CHUSA.—Eso es de no dormir.

JAIMITO.—Pues que duerma, hombre. *(A gritos hacia la pared.)* ¡Que se eche la siesta!

«Pues me he enamorao,
y te quiero y te quiero,
y sólo deseo estar a tu lado...»

(Canta ahora JAIMITO mucho más alto. Se vuelven a oír, más altos también, los golpes en la pared. Y de pronto traspasa el tabique el palo de una escoba.)

JAIMITO.—*(Parando el casete.)* ¡Uy la hostia! ¡Que nos tira la casa!

(Agarra el palo y tira. El otro tira desde el otro lado. Finalmente el otro suelta y JAIMITO se cae del tirón quedándose con el palo.)

CHUSA.—*(Se acerca al agujero y mira por él.)* A ver...

JAIMITO.—¿Qué ves?

CHUSA.—*(Mirando.)* Un ojo. *(Habla a voces por el agujero.)* ¡Qué pasa! ¡Que ha roto la pared! ¡A ver ahora, qué va a pasar! *(Se oyen gritos al otro lado.)* Dice que va a llamar a la policía. Encima. *(A gritos otra vez.)* ¡A quien tiene que llamar es a un albañil, a que arregle esto! ¡Y a un psiquiatra, tío loco!

ALBERTO.—Esperar, que voy. *(Se ajusta la pistola y la gorra y va hacia la puerta. Echa una última mirada a* ELENA *y ésta le amaga una despedida con la mano, como si fuese a la guerra. Sale.)*
JAIMITO.—Cuando abra y le vea se caga.

(Se oye sonar el timbre de la otra casa.)

ELENA.—Pensará que ha llegado volando; nada más descolgar el teléfono y...
CHUSA.—A ver si da más golpes ahora.

(Vuelve a mirar por el agujero y va contando a los otros dos lo que ve pasar en la casa de al lado.)

Ya va abrir. Ahora no se le ve... Ya, ya... Vuelve. Está blanco. Ahora mira el agujero, coge un tapón de una botella, se acerca, lo pone y... fin. *(Retirándose.)*
ALBERTO.—*(Entrando triunfal.)* Mañana viene un albañil. Ya de paso que nos arregle la cocina. *(Se ríen todos.)*
CHUSA.—*(A* ELENA.*)* ¿Has visto lo bien que viene tener la bofia* en casa?

(ALBERTO *mira a* ELENA. *Está ahora en plan de héroe de película. Y le sale el ramalazo conquistador. Por otro lado,* ELENA *cada vez le gusta más, sobre todo desde que intentó acercarse a ella* JAIMITO. *Ésta se acerca a él y le pone orgullosa la mano en el brazo. Se miran.)*

CHUSA.—Si queréis podéis meteros en el cuarto. No sea que ése quite el tapón y le dé algo.
ELENA.—Bueno, lo que tú digas.
ALBERTO.—Al fin y al cabo la policía está al servicio del ciudadano, y esto es un servicio público. *(Van hacia la habitación. Se vuelve desde la puerta.)* ¡Qué liantes sois! ¡Sí, los dos! No bajéis la música. Altita. *(Se quita la gorra y la tira al aire muy chulo, en brindis torero.)* Allá va, y que sea lo que Dios quiera. Va por vosotros.

Elena.—Bueno, adiós.

(Al desaparecer los dos dentro del cuarto y cerrar la puerta, Jaimito y Chusa se quedan con la mirada perdida en el vacío. Lo que era un juego se ha convertido en soledad.)

Jaimito.—Qué suerte tiene el tío para todo. Y encima se queja. Es maja, ¿verdad?
Chusa.—Creí que no te gustaba.
Jaimito.—¿A mí? Sólo digo que es muy guapa, y que está muy buena. Encima se meten ahí los dos...
Chusa.—A ver. Si se mete uno solo la cosa es más difícil.
Jaimito.—Yo creí que tú y Alberto... vamos, que tú y él...
Chusa.—¿Quieres dejarlo ya?

(Chusa se pasea nerviosa por la habitación y trata de distraerse haciendo algo. Coloca la mesa, mueve las sillas de sitio y hace dos o tres cosas raras más. Va a la ventana y se queda mirando al infinito.)

Chusa.—*(Tratando de convencerse a sí misma ante la creciente angustia que le está entrando de pronto.)* Esto no tiene importancia. Es una amiga. A ver si vamos a ponernos nosotros antiguos con esta bobada.
Jaimito.—*(Baja el casete.)* No se oye nada... ¿Qué estarán haciendo?
Chusa.—Crucigramas. *(Llega hasta el casete y lo sube otra vez.)* Hay que llamar al fontanero para que arregle de una maldita vez esa cisterna, que se sale. Me da la noche con ese ruidito. *(Pausa.)*

(Llaman en esto a la puerta de la calle. Va Jaimito a abrir. Lo hace, y entra Doña Antonia, medio llorando, con un gran disgusto encima.)

Doña Antonia.—¡Ay, Dios mío, Dios mío! ¿Está mi hijo aquí?...

CHUSA.—*(Intentando ocultarle.)* No..., me parece que no ha venido. ¿Ha venido? *(A* JAIMITO.)

JAIMITO.—Yo desde luego no le he visto. ¿Qué ha pasado? ¿Se encuentra usted mal? Siéntese, mujer. Y cálmese.

DOÑA ANTONIA.—¡Ay, Dios mío, Dios mío, qué desgracia tan grande!

CHUSA.—*(A* JAIMITO.) Tráele agua, o algo...

DOÑA ANTONIA.—*(Ve la gorra de* ALBERTO.) ¿Y esto? ¡Está aquí! ¿Dónde está? ¡Alberto, hijo!... ¡Hijo!...

> *(Se miran* JAIMITO *y* CHUSA. *Como la cosa parece seria deciden llamarle.)*

JAIMITO.—*(Llamando a la puerta del cuarto.)* ¡Alberto! Oye, sal. ¡Sal un momento, anda. Es tu madre!

> *(Se abre la puerta del cuarto y aparece* ALBERTO *a medio vestir. Se acerca a su madre, que sigue ahogada del disgusto en una butaca. Todos alrededor.)*

ALBERTO.—Madre, ¿qué pasa?

DOÑA ANTONIA.—¡Ay qué disgusto, hijo mío de mi alma! ¡Dios mío, Dios mío!

ALBERTO.—¿Pero qué pasa, madre? ¿Quiere hablar de una vez? ¿Qué pasa?

DOÑA ANTONIA.—¡Tu padre, hijo, tu padre! ¡Que ha salido de la cárcel!

> *(Cara estupefacta de todos ante la noticia. Y oscuro.)*

ESCENA TERCERA

(Al día siguiente, mediodía. ELENA *está leyendo.* JAIMITO *viene de la cocina con una lata abierta, comiendo. Se le acerca.)*

JAIMITO.—¿Quieres?

ELENA.—No, gracias. Ya he comido.

JAIMITO.—*(Se sienta a su lado. Sigue comiendo.)* Vaya lío ayer, ¿eh? ¿Has visto hoy a Alberto?

Elena.—No, no ha venido. *(Sigue leyendo.)*
Jaimito.—Vaya corte* que te llevarías, llegar ahí la madre, en ese momento... *(Pausa, silencio. Sigue comiendo y ella leyendo.)* Y luego el jaleo ese de su padre. Le habían echado un montón de años, y de pronto a la calle. Ahora es muy difícil que te dejen estar en la cárcel. Hay que estar muy recomendado. Un amigo mío que está allí metido come en casa, y luego duerme allí. Cuando no puede ir algún día llama por teléfono. *(Ve que sus intentos de ser gracioso no van por buen camino, y cambia de estrategia.)* Vete tú a saber... las cosas que pasan... Oye, así que tú sigues igual. Qué mala suerte.
Elena.—¿De qué?
Jaimito.—De lo de virgen.
Elena.—Ah, no importa. Otro día.

(Jaimito *se quiere ofrecer, pero no sabe por dónde empezar. Está violento, tartamudea. Se levanta y se sienta varias veces. Va al lavabo, y se peina.)*

Jaimito.—Sí que es una lata, eso de ser virgen. Yo que tú, en la primera ocasión que se me presentara... Estamos solos.
Elena.—*(Distraída con la lectura.)* Sí. Chusa dijo que vendría luego.
Jaimito.—*(Se acerca. Mira el libro que ella lee.)* «Apocalípticos e integrados...»*. ¿Es buena?
Elena.—Es de Umberto Eco. Está muy bien. Es un ensayo sobre nuestra civilización actual. La crítica literaria, el consumo..., esas cosas.
Jaimito.—¿Tú has estudiado, no?
Elena.—Sí. Ciencias de la Educación, lo que antes era Filosofía y Letras. Sólo he hecho hasta tercero. Bueno, tengo alguna de segundo. Este año es que no he aparecido por la Facultad. Es un rollo, no aprendes nada. Yo leo y estudio más por mi cuenta. Y con apuntes que me dejan los que van. Luego me examino, y lo voy sacando. Aprendes más. Los profesores no enseñan nada.

Jaimito.—¿Y cómo te puedes examinar si te escapas de casa?

Elena.—Para los exámenes vuelvo.

Jaimito.—¡Ah!

Elena.—¿Y tú, no estudias nada?

Jaimito.—¿Yo? Yo no. Yo soy un ignorante, de verdad. No leo nada... La verdad es que para vender costo y hacer sandalias... A mí lo que me gusta mucho es el cine.

Elena.—La cultura nunca viene mal. Además, es por distraerse. ¿Novelas tampoco lees?

Jaimito.—Novelas tampoco. Algunas de pequeño, pero ahora... Revistas si acaso. Bueno, alguna vez leo algo, pero poco.

Elena.—Claro. Será también por lo del ojo.

Jaimito.—¿El ojo? Qué va. Yo veo igual que tú o que cualquiera. Ver, veo muy bien. Sólo de un lado, pero perfectamente.

Elena.—*(Tapándose un ojo.)* Pues yo si miro con un ojo sólo veo mal.

Jaimito.—Tú porque no estás acostumbrada. *(Pausa. Ella vuelve a su lectura. De vez en cuando prueba tapándose un ojo. Él, a su alrededor, no sabe por dónde entrarle.)* ¿Te vienes al cine?

Elena.—¿Al cine? ¿Al cine a esta hora? ¿A qué cine, qué ponen?

Jaimito.—No sé, es igual. A cualquiera. Es por salir un rato. Nos tomamos unas cervezas y luego nos vemos una que esté bien. Compramos la *Guía del Ocio*.

Elena.—No, de verdad. Gracias, pero no. Estoy enrollada con esto. Díselo a Chusa cuando venga, y vete con ella.

Jaimito.—*(Atreviéndose.)* Es que yo quiero ir contigo.

Elena.—*(Sin enterarse de nada.)* ¿Conmigo? ¿Por qué?

Jaimito.—No sé, me apetece. Yo soy un tío muy raro. Me dan bascas*, así, de pronto. Hay momentos en que una persona me gusta, ¿no?, y entonces, pues al cine.

(Ella continúa leyendo, siguiéndole con automáticos movimientos de cabeza.)

Una vez me enrollé yo con una chica, una vecina mía, cuando vivía en el Puente de Vallecas, antes de venirme aquí a Lavapiés. Trabajaba ella en Simago*, allí en la avenida de la Albufera. Era muy maja. Alta, con el pelo largo..., muy maja. Yo la iba a buscar a la salida del trabajo. Nos juntábamos allí un montón de tíos todos los días. Parecía la mili. Esperando, allí, a la salida, todos tan serios. Luego ya salían ellas, y hala, cogía yo a la Merche y nos íbamos al cine. Todos los días al cine. Sin faltar uno. Al cine. Estuvimos un año y pico saliendo, y nos vimos todos los programas dobles de Madrid. Nos conocían hasta los acomodadores. Luego ya lo dejamos. Bueno, la verdad es que fue ella la que lo dejó. Se largó con un rockero, de los de las discotecas y chaqueta de cuero. Un fantasma de ésos. La vi después, al año o así. Una noche. Iba con el tío ese, y unos cuantos más. Me dijo que estaba harta de ir al cine. A gritos, desde la otra acera de la calle: «Estoy harta de cine.» Al año y pico, fíjate. Era de noche, me acuerdo muy bien. Me lo podía haber dicho entonces, cuando salíamos. Yo iba porque creía que a ella le gustaba. A mí, tanto cine, la verdad... *(Se da cuenta de que ella hace rato que no le escucha.)* Bueno, te dejo estudiar. Ya me iba. Daré una vuelta por ahí... *(Llega hasta la puerta.)* Hasta luego. ¿Sabes una cosa, Elena? ¡Elena!

ELENA.—*(Dejando el libro.)* ¿Sí, qué?

JAIMITO.—Que estás hoy muy guapa. Muy guapa, de verdad.

ELENA.—Anda, guasón, que eres un guasón.

(Ella vuelve a su libro. Él abre la puerta y va a salir. En ese momento llega corriendo por las escaleras ALBERTO. *Entra como un vendaval.)*

ALBERTO.—¿Está Elena? *(Entra, la ve, se acerca y le da un beso. Ella deja el libro automáticamente.* JAIMITO *lo mira todo desde la puerta.)* Oye, me he escapado un momento. Tengo que volver rápido a la comisaría. *(Coge la porra, que está encima de su armario.)* Otra vez me la he dejado aquí. Cualquier día tengo un lío por esto. *(Se la pone.)*

Menudo jaleo con mi padre, chica. Está rarísimo. Serio, formal... Estuvo una hora anoche preguntándome por todo. Yo no sé qué decirle. Menudo mogollón. Bueno, que a la noche vengo. Me tengo que ir a comer con él, no tengo más remedio. Hasta luego, adiós. *(Sale otra vez como un torbellino. Vuelve, y habla a* ELENA *desde la puerta, al lado de* JAIMITO *que sigue allí clavado.)* Luego seguimos donde lo dejamos anoche, ¿eh? *(Le tira un beso.)* Tú *(a* JAIMITO*)* guárdamela bien hasta que vuelva.

(Le amenaza jugando con la pistola en la funda, le da los puñetazos cariñosos de siempre en el hombro, y sale. Ella queda encantada mirando hacia la puerta. JAIMITO *sigue allí, violento, sin saber si irse o quedarse.)*

JAIMITO.—¿Cómo es, eh? Bueno, yo también me iba. Luego vuelvo, para la fiesta. No me lo quiero perder. Adiós. ¡Que adiós!
ELENA.—Adiós.

(Sale JAIMITO. *Ella suspira, los ojos perdidos a lo lejos. Y vuelve a su libro.)*
(Oscuro.)

ESCENA CUARTA

(Noche del mismo día. En escena CHUSA *cortándose las uñas de muy mal humor. Se abre la puerta de la calle y entra* JAIMITO, *cargado de nuevo con cervezas de litro, ginebra, patatas fritas, etc.)*

JAIMITO.—Ya estoy aquí. ¿Qué? ¿He tardado mucho?
CHUSA.—Dos horas. Te lo puedes volver a llevar por donde lo has traído todo, si quieres. Aquí ya no hace falta.
JAIMITO.—¿Dónde están? ¿Se han ido?
CHUSA.—*(De mala uva.)* Ahí. *(Señala con la cabeza el cuarto.)*

JAIMITO.—*(Se queda un momento en silencio, mirando la puerta cerrada.)* ¡Joder! ¡También! Encima de que voy a por... ¿Y qué hacen?

CHUSA.—¿Tú qué crees?

JAIMITO.—*(Sigue mirando descorazonado a la puerta.)* ¿Hace mucho que...?

CHUSA.—Un rato.

JAIMITO.—No se oye nada.

CHUSA.—No. *(Se quedan los dos en silencio. Sólo se oye el cortaúñas con el que* CHUSA *sigue cortándose las uñas, ahora de los pies, haciéndose todo el daño que puede.)* No corta. Seguro que lo has estado usando con las sandalias.

JAIMITO.—¿Antes tampoco se ha oído nada?

CHUSA.—No, antes tampoco se ha oído nada.

JAIMITO.—Haberles dicho que esperaran, ¿no?

CHUSA.—Se lo he dicho.

JAIMITO.—¿Y qué?

CHUSA.—Ya lo ves.

JAIMITO.—*(Acercándose más a la puerta, intentando escuchar.)* ¿Y no has oído nada, nada, nada?

CHUSA.—Te crees que lo radian, o qué. *(Se fija en que sigue con todo en sus brazos como un pasmarote. Le coge las bolsas y las pone sobre la mesa.)* Ginebra y todo.

JAIMITO.—Era para animar esto un poco.

CHUSA.—No les ha hecho falta. Se la beberá su madre cuando venga.

JAIMITO.—*(Reaccionando.)* Este Alberto es que es un cabronazo. Me tiene ya hasta la... Se mete ahí, con ella, y ¡hala! Ni cerveza, ni ginebra, ni nada. *(Gritando.)* ¿Para eso he traído yo las patatas fritas?

CHUSA.—No grites.

JAIMITO.—A mí, como un gilipollas, me manda a por patatas fritas. Y a ti, que eres su novia, te pone aquí de guardia.

CHUSA.—No soy su novia, y no estoy de guardia.

JAIMITO.—¿Se ha quitado el uniforme?

CHUSA.—Ha entrado con él, pero supongo que se lo habrá quitado.

JAIMITO.—*(Merodea alrededor de la puerta, intentando adivinar cómo va lo de dentro.)* No se lo quita ni para mear. Decía que no se iba a acostumbrar a llevarlo, ¿te acuerdas? Fíjate ahora. Todo el día de madero.

(Sigue al lado de la puerta. Parece que va a llamar.)

CHUSA.—¿Te quieres quitar de ahí y dejarlos en paz?
JAIMITO.—¡Que no me da la gana! ¿Qué te pasa, eh? Se mete ahí el tío que te gusta con otra chorva* y tú aquí, tan tranquilamente. Es que eres, tía, como la sábana de abajo. ¡Qué pachorra, y qué...!
CHUSA.—¿Quieres que me ponga a llorar, o que llame a los bomberos? Además, ayer se lo pedimos nosotros, ¿no?
JAIMITO.—Ayer era ayer, y hoy es hoy. Estábamos los cuatro..., era otra cosa. ¡Así no me da la gana!
CHUSA.—Tú no tienes nada que ver en esto, ni yo tampoco. No sé cómo no te das cuenta.

(Coge un jersey grandón de su armario, se lo pone y va hacia la puerta de la calle.)

JAIMITO.—¿Adónde vas?
CHUSA.—Por ahí, a dar una vuelta hasta que acabe el numerito. *(Dolida.)* No me importa nada, ¿sabes?, pero no me apetece estar aquí de guardia, como tú dices.
JAIMITO.—Es un mariconazo. Siempre hace lo que le da la gana, y cuando le da la gana.
CHUSA.—Pues ella tampoco es manca. Ha sido la que menos ha querido esperar, qué te crees. *(Mira hacia la puerta.)* Al fin y al cabo fue idea mía. Prepárales la cerveza y las patatas fritas para cuando salgan que tomen algo. Estarán cansados.

(Llaman a la puerta de la calle. Se miran.)

JAIMITO.—Abre, a ver si hay suerte y es otra vez su madre, y se les jode el plan.

(Al abrir Chusa, vemos en el descansillo a dos chicos jóvenes, el pelo muy corto, buena ropa, y evidentemente de clase social alta.)

Abel.—*(Desde fuera.)* Venimos de parte de Sebas *(cara de Chusa de no saber quién es)*, el camarero del Pub Valentín, que os conoce; uno alto, con bigote...
Chusa.—No sé quién es. *(A Jaimito.)* ¿Tú sabes quién es? ¿Lo conoces?
Jaimito.—De vista. Es amigo de Ricardo, me parece.

(Entran, Abel delante, y detrás el otro, Nancho, con pinta muy nerviosa y algo extraño en la cara.)

Abel.—Nos ha dicho que vosotros a lo mejor teníais algo para vendernos.
Jaimito.—No nos queda casi nada *(a Chusa)*, ¿verdad?
Abel.—Lo que sea... unos gramos... Lo necesitamos, aunque sólo sea para un pico*.
Chusa.—De eso no tenemos, tú. No tenemos nada.
Abel.—*(A Jaimito.)* Has dicho antes que tenías un poco. Pues lo que sea, ya. No jodas ahora. A ver si te vas a volver atrás.
Jaimito.—Oye, no; te he dicho que teníamos un poco, pero de chocolate*, nada más. Nosotros a eso no le damos.
Abel.—¿Chocolate? Vamos, no jodas. *(Al otro, que está con el mono* cada vez más nervioso.)* Éste se cree que somos gilipollas. ¡Saca la navaja, mecagüen su puta madre!

(Saca de pronto Nancho una navaja y amenaza, nerviosísimo, a Jaimito y Chusa, que retroceden asustados.)

Abel.—¡Venga! ¡Tráelo aquí ahora mismo, todo lo que tengáis! Si no *(a Nancho)*, le metes un navajazo a ese muerto de hambre de mierda. *(Se oyen en este momento ruidos y jadeos en la habitación. Abel retrocede asustado al oírlo.*

Coge luego de un rincón una especie de barra de hierro que se encuentra. Va hacia JAIMITO, *hablando a* NANCHO.) ¡Coge a ésa, que no grite! (NANCHO *lo hace, poniendo amenazador el cuchillo en el cuello de* CHUSA, *tapándole la boca con la otra mano*. ABEL *amenaza con el hierro a* JAIMITO.) ¡Di al que esté ahí que salga! ¡Con cuidado! ¡Vamos!

JAIMITO.— *(Golpeando la puerta, tratando de aparentar normalidad, quedando muy falso su intento.)* ¿Alberto? ¿Estás ahí? Oye, Alberto, a ver si puedes salir un momento. Sal si puedes. No pasa nada, pero sal. *(Se oye la voz de* ALBERTO *dentro refunfuñando, y las risas de* ELENA. NANCHO *acerca más el cuchillo a la garganta de* CHUSA.) ¡Alberto! *(Golpea ahora más fuerte.)* ¡Sal, joder! ¡Sal de una vez!

(Se oye dentro a ALBERTO *protestar, y ruidos confusos.)*

ALBERTO.—*(Apareciendo en calzoncillos por detrás de la puerta.)* ¡A ver qué coño pasa ahora...!

(ABEL *llega hasta él, con la barra en alto, y le empuja contra la pared.)*

ABEL.—¡Quieto ahí! *(Da una patada a la puerta abriéndola del todo. Al fondo vemos a* ELENA, *paralizada y desnuda. Reacciona tapándose con lo primero que pilla.)* Estaban chingando*, no te jode. ¡Sal, sal para fuera, no te quedes ahí, que te queremos ver bien!

(Sale ELENA *despacio, aterrada.* ALBERTO *trata de meterse, avanzando.)*

ALBERTO.—¿Qué pasa? ¿A qué viene esto?...
ABEL.—*(Empujándole otra vez contra la pared, mucho más fuerte ahora, y levantando la barra sobre su cabeza.)* ¡Que te estés quieto, mierda! *(A* ELENA.) ¡Venga, aquí! ¡Y no te tapes tanto, suelta eso! ¿Te da vergüenza? ¡Que lo sueltes, que te doy...! (*A* NANCHO, *que está mirándola fijamente*

mientras sigue sujetando a CHUSA.*)* ¿Está buena, eh? ¿Te la quieres tirar? ¡Vosotros quietos!

(ALBERTO *mira a* JAIMITO *desconcertado, y éste trata de ganar tiempo y bajar un poco el clima de violencia.)*

JAIMITO.—Han venido a por caballo de parte del Sebas... un amigo; pero ya les hemos dicho que no teníamos... y se han puesto, fíjate. *(A* NANCHO.*)* ¡Suéltala, que no va a hacer nada, ¿verdad, Chusa? Cuidado con la navaja... Vamos a hablar... lo que sea... pero suéltala. (ABEL *ha cogido la punta del vestido con que se medio tapa* ELENA *poniéndoselo delante, y tira, mientras ella trata de retroceder sin soltar la prenda.)*
ALBERTO.—Oye... que le vas a hacer daño a la chica... Nos sentamos y hablamos tranquis, tíos, entre colegas, ¿no? Nos lo hacemos bien... sin jaleos... lo que queráis.
JAIMITO.—¡Pero suelta...! ¡Suéltala! ¡Que la sueltes!

(Se pone en medio. ABEL *amaga con la barra y* JAIMITO *retrocede.)*

ABEL.—*(A* JAIMITO.*)* ¡Te parto la cabeza como te metas otra vez! *(A* ELENA.*)* ¡Que te doy a ti, gilipollas! Estabas chingando, ¿eh?

(Da un fuerte tirón y se queda con la ropa en la mano. Ella se refugia desnuda detrás de ALBERTO.*)*

ALBERTO.—*(Cubriéndola, trata de ganar tiempo y poder hacer algo.)* Bueno, bueno, ¿qué pasa? Que queréis caballo*. Es eso sólo. ¿Si os lo damos nos dejáis en paz? *(A* JAIMITO.*)* Pues dales el caballo de una vez. ¿A que lo necesitáis? Pues ya está. Yo os lo traigo si queréis, que sé dónde está, pero sin hacer nada a nadie. No armar líos por estas cosas. Si necesitáis caballo...
ABEL.—*(A* JAIMITO, *amenazador.)* ¿No teníais, eh? ¡Te voy a partir a ti...!

JAIMITO.—¡Pero suéltala! ¡Que la sueltes, que la vas a ahogar!

(JAIMITO *retrocede asustado ente el amago de* ABEL. *A una señal de* ABEL, NANCHO *destapa la boca a* CHUSA.)

JAIMITO.—*(Intentando seguir con el plan de* ALBERTO.*)* Casi la ahogas. Es que tenemos poco, y no os conocíamos. Luego, si os ponéis así, a lo bestia... Dáselo Alberto...
ALBERTO.—A ver, que preparen el dinero.
ABEL.—Ahora gratis, ¿está claro? Y sin cachondeos. ¡Todo lo que tengáis, sácalo! Si no nos tiramos a ésta, y a ti también...
JAIMITO.—A ti te ha entrado el mono violador hoy. No te lo montes así, tío, de verdad, que así no vas a ningún lado.
ALBERTO.—Si quieres pincharte, te pinchas y ya está. Te chutas* bien y tranquilo.
JAIMITO.—Y si luego quieres follar, pues follamos, y no pasa nada, pero por las buenas, ¿verdad, Chusa?
ALBERTO.—Anda, guarda la navaja esa, y vamos a hablar...
ABEL.—Lo primero la harina*; venga, traedlo aquí, todo.
ALBERTO.—Está ahí dentro. Un momento, que lo saco. *(Va al cuarto.)*
ABEL.—¡Quieto! Que lo traiga este gilipollas. Venga, y cuidado.
JAIMITO.—*(Va hacia el cuarto, y mira a* ALBERTO *sin saber bien qué hacer. Finalmente decide seguir adelante como sea con lo que cree pensaba hacer él.)* Bueno, pues voy yo, pero no te enrolles mal. *(Trata de hacer una broma.)* Anda, Elena, sígueles haciendo un *strip-tease* aquí a los amigos, mientras yo les traigo la harina: «Tariro, rariro...»

(*Entra en el cuarto canturreando música de «strip-tease» y se le oye seguir cantándolo dentro. Como la puerta ha quedado entreabierta y pueden acercar-*

se y mirar lo que pasa dentro, CHUSA *trata de llamar la atención para que dejen de estar pendientes de él.)*

CHUSA.—*(A* ELENA.) Vas a coger frío, y tú, Alberto, también. Estás guapísimo en calzoncillos. Nos podíamos desnudar todos, y así estábamos todos igual... *(Tararea ahora la misma música de* JAIMITO.) «Tariro, rariro...»

(De pronto aparece en la puerta del cuarto JAIMITO *con la ropa de policía de* ALBERTO *a medio poner, pistola en mano apuntando nerviosísimo.)*

JAIMITO.—¡Manos arriba! ¡Aquí la policía! ¡Os mato si os movéis! ¡Arriba las manos! ¡Arriba las manos ahora mismo, y suelta eso! ¡Y tú! ¡Drogadictos, a la comisaría los dos, y a la cárcel! ¿Es que no oís? ¡Cuento tres y disparo: una, dos y tres!

(De pronto se le escapa un tiro, que hace que todos reaccionen: ALBERTO *y las dos mujeres tirándose al suelo, y* ABEL *y* NANCHO *abriendo la puerta y desapareciendo escaleras abajo a toda velocidad.* ALBERTO *se levanta, va hacia* JAIMITO, *que se ha quedado paralizado mirando la pistola, se la quita, va a la puerta y sale detrás de ellos en calzoncillos. Se le oye fuera hablar con alguien.)*

OFF ALBERTO.—No, no es nada, padre. No se preocupe. Es que se me ha disparado al limpiarla, sin querer. ¿Un agujero en la pared? Ponga usted otro tapón.

(Entra y cierra. Coge su ropa, que se está quitando JAIMITO, *y se la pone.* ELENA *se viste también.)*

ALBERTO.—Era el cura. Ésos están ya a diez kilómetros. *(Mira a* JAIMITO.) Tú estás pirao. Si nos das a uno, ¿qué? Pero ¿has visto dónde has apuntado?

JAIMITO.—Se me ha escapado, Alberto, de verdad. No sé lo que ha pasado.

ALBERTO.—Ha pasado que has quitado el seguro, y casi matas a alguien. Has apretado el gatillo, si no no se dispara sola. Eso es lo que ha pasado. ¡La madre que le...! Trae la gorra, anda... Inútil.

CHUSA.—Ya está bien. Gracias a él no nos ha pasado nada, con tiro o sin tiro.

ELENA.—Voy a devolver.

CHUSA.—Pues échalo en el water, guapa, a ver si nos colocas aquí el zumo.

JAIMITO.—*(Sorprendidísimo aún de su propia heroicidad.)* Anda que... *(A* CHUSA.*)* ¿Te has fijado? *(Simula con la mano la pistola y hace el tiro con la boca, soplando después el cañón.)* ¡Pum!... *(Le da la risa.)*

CHUSA.—*(Siguiéndole.)* Muy bien, pistonudo*. ¿Has visto cómo corrían? Y la cara que han puesto cuando te han visto salir con la pinta esa y la pistola. Es que parecías del Oeste. *(Se ríe también.)*

ALBERTO.—*(Acabando de vestirse.)* Eso, reíros. Casi matas a alguien, me puedo buscar un follón por tu culpa, y os reís.

JAIMITO.—Como vi que ibas tú a..., pues yo...

ALBERTO.—No es lo mismo. ¿Pero tú te crees que se puede manejar una pistola sin saber? Y yo no iba a disparar, ni mucho menos. ¡A quién se le ocurre liarse a tiros! Si estaban ya medio convencidos. Dos minutos más, y tan amigos. Como mucho, ponerte el uniforme, o coger la pistola y darles un susto en último extremo, pero no ponerse a disparar, que estás loco.

CHUSA.—Y dale.

ALBERTO.—No se te ocurra volver a tocarla. ¿Me oyes?, que no tienes ni puta idea de nada. Una pistola es muy peligrosa, las carga el diablo. *(Se ha acabado de vestir, y ahora ilustra, pistola en mano, su disertación.)* Si no sabes, se te disparan por nada.

(Como para mostrar lo que dice, maneja la pistola, apunta y dispara, metiendo un tiro a JAIMITO *en el brazo izquierdo. Se quedan todos de piedra.)*

JAIMITO.—¡Uy, la...! ¡Que me ha dado un tiro éste...!
ALBERTO.—Perdona. Se me ha disparado... Joder...
JAIMITO.—*(Intentando sentarse.)* Me parece que me mareo. Sí, me mareo. Me voy a desmayar... ¡ay!

(ELENA, *que ha salido del lavabo al oír el tiro, al ver así a* JAIMITO, *le dan de nuevo arcadas y vuelve a entrar.)*

CHUSA.—*(Sujetando a* JAIMITO.) ¡A un hospital! *(Habla a* ALBERTO, *que sigue mirando sin reaccionar.)* ¡Hay que llevarle a un hospital, o a la Casa de Socorro...!
ALBERTO.—*(A* JAIMITO.) Has quitado el seguro, no me dices nada, y te pones ahí delante.
CHUSA.—Deja de decir memeces. Hay que llevarle a algún sitio. ¡Una ambulancia!
JAIMITO.—¡No, en una ambulancia no, que me da mucha aprensión! Mejor en un taxi. Me mareo, me estoy..., se me va la...
CHUSA.—*(A* ALBERTO.) Sujeta, que se cae. ¡Que se cae!

(Le cogen entre los dos, medio desmayado, y van hacia la puerta. Abren y van a salir, cruzándose en ese momento con DOÑA ANTONIA *que llega.)*

DOÑA ANTONIA.—¿Pero qué hacéis? ¡Anda que...! Luego decís que fumar eso no es malo, ¡Virgen Santísima!
CHUSA.—Que no, señora. Que no es eso. Es que su hijo le ha pegado un tiro.
DOÑA ANTONIA.—Algo habrá hecho. Todo esto os pasa por lo que os pasa. Verás cuando se entere tu padre, con lo formal que se ha vuelto desde que ha salido de la cárcel.
ALBERTO.—Así no le podemos bajar. Agua, dale agua.
DOÑA ANTONIA.—Una copa de coñac es lo que hay que darle a este chico.

CHUSA.—*(Va a por agua a la cocina.)* Que aquí no tenemos coñac, señora.

DOÑA ANTONIA.—Lo digo por la tensión, que es muy bueno. Si hubierais estado en la reunión, conmigo, no os pasarían estas cosas.

CHUSA.—*(Dándole agua a JAIMITO, que se recupera un poco.)* ¿Qué? ¿Estás mejor? ¿Te duele?

JAIMITO.—Estoy bien, sólo un poco mareado.

ALBERTO.—Me va a costar un lío en la Jefatura de no te menees.

CHUSA.—Venga, deja eso ya y agarra. (A JAIMITO.) Vamos a bajar para llevarte a algún sitio, a que te curen. ¿Puedes?

JAIMITO.—Sí, pero en una ambulancia no.

CHUSA.—Vamos en un taxi.

JAIMITO.—Me ha dado en el brazo, aquí arriba. No lo puedo casi mover... ¡ay!

DOÑA ANTONIA.—Pues te ha salvado Dios, porque si te da en la cabeza, o en el corazón... Has tenido suerte.

JAIMITO.—*(Mientras le sacan por la puerta entre los dos.)* Sí, suerte. Yo siempre tengo mucha suerte. *(Salen.)*

ELENA.—*(Saliendo del lavabo.)* ¿Se han ido? ¡Ay Dios mío!

DOÑA ANTONIA.—¡Ginebra! *(Descubre la botella encima de la mesa.)* ¡Hay ginebra! Mira, si te encuentras mal, te tomas una copa de esto y se te pasa, ya verás. *(Trae de la cocina dos vasos y echa ginebra después de abrir la botella.)* Bebe, para la tensión. ¡Ay Dios, qué hijos estos! ¡Qué disgustos dan! *(Beben las dos.)* Mira cómo lo han puesto todo de sangre. Hay que quitarla, que si se seca luego no hay quien la saque.

> (ELENA, *entre la ginebra, que le cae fatal, y ver la sangre, tiene que ir corriendo otra vez al lavabo.)*

DOÑA ANTONIA.—Oye, ¿no estarás embarazada? Éstos, cualquier guarrería. ¡Ay Señor, Señor!

> *(Se sirve una nueva copa, se la bebe de un trago y se limpia cuidadosamente la boca con un babero que saca del bolso.)*
> *(Oscuro, y fin del primer acto.)*

ACTO SEGUNDO

ESCENA PRIMERA

(Han pasado varios días. El mismo escenario que en el acto primero, aunque las cosas están ordenadas de forma distinta —más convencionalmente—. ALBERTO *ha ido a recoger a* JAIMITO *al hospital.* CHUSA *anda por tierras del moro.* DOÑA ANTONIA *toma una copa tras otra de la botella de ginebra, ya casi vacía, mientras plancha la ropa.* ELENA *la escucha sentada a su lado cosiendo.)*

DOÑA ANTONIA.—Lo peor fue el disgusto que se llevó su padre al enterarse. Es que ha salido de la cárcel hecho otra persona: serio, honrado, trabajador... Ha estudiado y todo. Ahora es universitario de carrera, como tú. Ha acabado cuarto de Económicas, así que en un año lo termina. ¿A ti cuánto te queda?
ELENA.—A mí más. Dos años más, por lo menos.
DOÑA ANTONIA.—Fíjate. Pues muy formal ha salido, y muy educado. El sábado pasado vino conmigo a la reunión neocatecumenal, y habló. Daba gusto oírlo, hija. ¡Qué labia! Dijo que en estos nuevos tiempos hace falta que cambiemos todos, como está cambiando el país y como él ha cambiado. Y que había que trabajar mucho, mucho, para levantar España entre todos. Así, como te lo digo. Dijo que él, antes, con Franco, robaba porque robaba todo el mundo, pero que ahora, con los socialistas, es diferente. ¡Uy!, habló muy bien

de Felipe González, de Guerra, de Boyer, de todos. Él se va a hacer del partido. A mí me quiere hacer también, y a los de la reunión a lo mejor. Es que hay que ver cómo se ha vuelto: serio, formal, trabajador... ¡Y la suerte que ha tenido con el trabajo! Conoció allí en la cárcel a un director de un banco que había hecho un desfalco de un montón de millones y le pillaron ya en el avión sentado con una rubia, que se iban a las Bahamas. Bueno, pues ese señor fue el que le animó a estudiar, y el que le daba las clases allí. Ahora, como ha salido ya y es otra vez director de otro banco, pues fíjate, un puestazo que le ha dado a mi marido. Gerente o algo así. Bueno, pues a lo que íbamos: él, encantado de que Alberto trabajara en algo tan decente; ahora al enterarse del escándalo del tiro, lo del hospital, y lo de las drogas de los que vinieron, pues le ha dicho al chico que si sigue por el buen camino, que le paga los estudios para que haga el ingreso y oposiciones al Cuerpo Superior de Policía; pero que si se queda con esa gentuza, que allá se las entienda y que se vaya de casa. Que ya verá cómo va a acabar, en Carabanchel*, o un sitio peor. Perdona, pero las cosas son como son, y tiene razón además.

ELENA.—No, si a lo mejor en parte es verdad lo que dice.

DOÑA ANTONIA.—No va por ti, hija, que tú eres una chica estupenda, de estudios, y muy formal. Y tu madre, no hay más que verla. Una señora. Y la casa que tiene.

ELENA.—*(Dejando de coser.)* ¿Mi madre? ¿Conoce usted a mi madre?

DOÑA ANTONIA.—He metido la pata, pero en fin. No importa que lo sepas, aunque quedamos que no te diríamos nada. Hemos ido yo y Alberto a tu casa, y hemos hablado con tu madre. Menudo disgusto tiene la pobre. Es que sois de lo que no hay.

ELENA.—Sabe que estoy bien. La llamo por teléfono todos los días.

DOÑA ANTONIA.—¡Por teléfono! ¡Ay Dios, qué hijos! Pues nada, se llevó un disgusto.

ELENA.—¿Mi madre?

DOÑA ANTONIA.—No, no, mi marido, con lo del tiro del Jaimito ese, que es un Jaimito* de verdad. Él fue el que aconsejó a mi hijo para que dieran el parte de que el tiro se lo había dado Jaimito mismamente, como una imprudencia, sin querer. Que cogió la pistola, y eso. El cabeza dura no quería al principio, no te creas. Es lo que yo me digo: ése, al fin y al cabo, le da igual. No tiene oficio ni beneficio, así que... Pero a mi hijo le podían haber metido un paquete* gordísimo. Hasta le podían haber expulsado del cuerpo, fíjate. Y más si se enteran de esos que venían buscando droga, y todo el escándalo. ¡Dios mío!

ELENA.—Yo me puse malísima.

DOÑA ANTONIA.—Y cualquiera que tenga buen corazón. Es que eso de las drogas es terrible, hija. Tú ten mucho cuidado. Tú ni porros ni nada, que todos empiezan por poco y fíjate cómo terminan. Hasta niños pequeños de seis años se pinchan, que lo he leído en una revista. Le he dicho yo mil veces que no esté con esta gentuza, pero ya ves, les tiene cariño. A ver si tú lo consigues. Hazme caso, estudia, cásate y forma una familia como Dios manda. Si no queréis casaros por la Iglesia, pues os casáis por lo civil, como dice mi marido, que en eso es muy moderno. A tu madre, Alberto le cayó de maravilla. Tenías que haberlos visto hablando como si fueran suegra y yerno. Qué casa, cómo la tiene puesta de bien. De mucho gusto todo, hija. También yo iba a estar viviendo aquí si tuviera esa casa. Con esta mugre.

ELENA.—Es que no sé qué voy a decirle a Chusa cuando vuelva. Encima de que no he querido ir con ella.

DOÑA ANTONIA.—No tienes por qué dar explicaciones a nadie. Y no has ido a eso del moro porque no es decente, y has hecho muy bien.

ELENA.—Como le había prometido ir con ella... Si ahora vuelve y...

DOÑA ANTONIA.—No le haces caso a tu madre, y le vas a hacer caso a esa pelandusca* que se las sabe todas. Andaba tonteando con mi hijo, que lo sé yo. Pero ya le dije: de eso nones, ni hablar. Contigo es otra cosa, porque tú tienes estudios; y por tu madre. Además, ya se lo ha dicho mi marido: «Esa chica te interesa. Los otros, fuera.» ¿La tienda esa de electrodomésticos es entera vuestra?

ELENA.—Sí, ¿por qué?

DOÑA ANTONIA.—Por nada, hija, por nada. Es muy bonita, y qué grande. Y luego en el sitio que está, en plena glorieta de Quevedo*. A esa tienda si se la trabaja bien se le tiene que sacar mucho.

ELENA.—A mí no me gusta la tienda. Sólo he ido por allí dos o tres veces. Es muy hortera*.

DOÑA ANTONIA.—Tú calla y a estudiar, que es lo que tienes que hacer. De la tienda no te preocupes. Ahí en la glorieta de Quevedo tenía yo una amiga, pero se mudó a Villaverde Alto*, a un piso nuevo con unas vistas estupendas, y mucho sol. Bueno, pues lo que yo te estaba diciendo... ¿qué te estaba yo diciendo?

ELENA.—Lo de Villaverde Alto, me parece.

DOÑA ANTONIA.—... No, no... antes... ¿por qué te estaba yo diciendo eso? No sé dónde tengo la cabeza últimamente, hija.

ELENA.—Me estaba diciendo que tenía un piso muy bonito, su amiga, en Villaverde Alto. Que se había ido a vivir...

DOÑA ANTONIA.—Allí hay unos pisos estupendos, en Villaverde. Pero mejor en Móstoles*. Eso ha dicho mi marido. Y a acabar la carrera, que sin una carrera hoy no se va a ningún sitio. Ya ves mi marido, con cincuenta años y todo el día estudiando. Llega a casa y se pone con los libros. Quién le ha visto y quién le ve. Cómo cambia todo en España, hija. Antes es que si le ves no le conoces. Pero de eso es mejor no hablar. Ya nos dijo tu madre lo de tu padre. (ELENA *la mira sorprendida de que su madre le haya hablado del oscuro incidente de la piscina.*) Checoslovaquia está lejos, pero no tanto. Hoy en día, con los aviones..., ya verás, cualquier día se os presenta aquí, diga ella lo que diga. ¿No ha vuelto mi marido de la cárcel, que es peor? Y tan ricamente. ¡Ay Señor, Señor! ¡Qué hombres! ¡Que todo en la vida tenga que ser siempre sufrir! Y que las cosas son como son, y que no les des más vueltas. En las reuniones nuestras neocatecumenales, que lo contamos todo, se escuchan casos que te ponen los pelos de punta. Allí desde luego lo hablamos todo, hija. Todos somos pecadores, y las cosas a la luz, que la mierda, con perdón, si no corre atasca el water. Las cosas claras, y el chocolate, espeso. El que bebe, va allí, y lo cuenta. Y el que le pega una paliza a su mujer, lo cuenta también, y se arrepiente, y se da cuenta de que es un pecador, que eso es lo importante. A veces acabamos todos llorando. Y luego las separaciones, con todo el sufrimiento de los hijos, que se los reparten como si fuesen monedas a duro: éste para ti, éste para mí; éste me toca los sábados y los domingos, y quince días en agosto. ¡Ay Dios mío, qué mundo este! Yo es que enchufo la televisión y me da algo: muertos tirados por todas partes, que siempre te los sacan a la hora de comer, para más inri. Una vez fue uno allí a confesarse, ya sabes que allí nos confesamos en voz alta como te digo, delante de todos. Bueno, pues fue allí, nosotros no le conocíamos de nada, pero va tanta gente que vete tú a saber. Pues llegó allí, y empezó a decir guarrerías que había hecho con otro tío. ¡Qué vergüenza! A mí esas cosas me dan mucho asco, qué quieres que te diga. Hay cosas que no se deberían confesar, o no dar tantos detalles, por lo menos. No eran artistas, ni nada. Era un albañil en paro y un mecánico de un taller de motos. ¡Si llegas a escuchar las cosas que contó que estuvieron haciendo... en un solar en medio de un descampao, como animales! Al final se cayó al suelo, devolvió... un desastre. Yo creo que es que estaba completamente borracho. ¡Lo que no veremos allí! ¿Y las guarradas esas de las revistas, con todas esas marranas poniendo el culo como para que les pongan una inyección? Yo acababa con eso en dos días. Así va todo. Es que pasas por un quiosco y hay que mirar al otro lado. Hay algunas que traen posturas de estar... tú me entiendes. Y el cine, y la televisión, que te meten una teta en la sopa en cuanto te descuidas. Y en color ahora es mucho peor. Parece carne de verdad. Ahora, que yo cambio de canal. Alberto es muy serio, y muy buen chico. Ya ves, policía. Así que tú hazme caso, por el buen camino. Ya verás luego la alegría que dan los niños, sí, mujer, y el hacerlos, que hablando claro se entiende una mejor, y hay cosas que están muy bien en la vida si se hacen decentemente y como Dios manda. Mi marido ha dicho que os regala el vídeo. Claro que, por otro lado, teniéndolo vosotros en la tienda es una bobada comprar uno. Y un día te tienes que venir conmigo a la reunión aunque sólo sea para verlo. Hay días que está muy bien, no creas que siempre es igual. He cogido un catarrazo... *(Busca un pañuelo en su bolso, y vemos aparecer por él montones de corbatas que lleva dentro.)* ¡Ay Dios mío, Dios mío! Y que cuando no es una cosa es otra. Qué mona es esa blusa. *(Se da cuenta cómo* ELENA *mira las corbatas.)* Son para mi marido. Ahora gasta muchas corbatas. Como estaban rebajadas...

> *(Está guardándolas en el bolso cuando abren la puerta y entran* ALBERTO *y* JAIMITO, *el primero vestido de policía, como siempre, y el otro con el brazo izquierdo en cabestrillo.* DOÑA ANTONIA *cierra el bolso como puede, y recibe al recién llegado del hospital con fría cortesía.* ELENA *se le acerca con cariño.)*

JAIMITO.—Hola, buenas. ¿Qué tal?, doña Antonia. Hola, Elena, ¿cómo estás?
DOÑA ANTONIA.—Pues mal, ya ves. Con un catarrazo.
ELENA.—Estás muy bien. Se ve que te han cuidado mucho en el hospital. Y el brazo, ¿te duele?
JAIMITO.—No, ya nada. Sólo lo tengo que llevar así unos días, por precaución, pero no noto nada. Está ya bien.
ELENA.—Siéntate, ¿no?

> *(*JAIMITO *capta el cambio operado en la casa en los días que ha estado en el hospital. Y se siente un poco fuera de su territorio.)*

JAIMITO.—¿Y qué tal por aquí?
ELENA.—Bien, normal, nada de particular, ¿verdad, Alberto? Desde que se fue Chusa de viaje..., nosotros aquí, solos.

> *(Se da cuenta de que está tocando un tema delicado.* JAIMITO *mira enfrente de él a* ELENA, ALBERTO *y a la madre. Y les nota distantes y violentos.)*

ALBERTO.—¿Quieres tomar algo, un café o cualquier cosa? ¿Has comido?

JAIMITO.—Sí, sí. No, no te preocupes. No quiero nada. Ya te he dicho que estoy bien, normal. Pero gracias de todas formas.

ELENA.—Te hemos recogido lo de las sandalias. Está en el cuarto. Como no estabas. Además con el brazo así no podrás trabajar ahora.

JAIMITO.—No te preocupes. Está bien.

(Pausa larga y tensa. DOÑA ANTONIA *se levanta de su asiento.)*

DOÑA ANTONIA.—Bueno, yo me voy, que me van a cerrar. *(A* ALBERTO *y* ELENA.*)* ¿Venís a cenar a casa, no? Pues hasta luego. No lleguéis tarde, que ya sabes cómo se pone tu padre. *(A* JAIMITO.*)* Y adiós, tú, que te mejores. *(Sale.)*

(Quedan sólo los tres. Pausa.)

ELENA.—¿Qué tal aquel señor que estaba contigo en la habitación, el de la otra cama?

JAIMITO.—Salía también hoy o mañana; le daban el alta ya.

ELENA.—¿Y qué tal ha quedado?

JAIMITO.—Bien. Cojo, pero bien. Le han envuelto la pierna que le han cortado en un paquete, se la han dado, y hala, para el pueblo.

ELENA.—Qué tonto eres.

JAIMITO.—Es la verdad. Le van a poner ahora una a pilas.

ELENA.—*(Se ríe.)* Era muy simpático. Y muy gracioso.

JAIMITO.—A ver qué iba a hacer. Reírse. Todo el mundo allí se estaba todo el día riendo. ¡Unas carcajadas por los pasillos!

(Pausa.)

ELENA.—Estábamos planchando unas cosas. *(Recogiendo.)*

ALBERTO.—Dentro de unos días, cuando estés ya bien, tienes que pasarte por la comisaría, por lo de la declaración.
JAIMITO.—Bueno. Cuando tú digas.
ALBERTO.—Tampoco corre tanta prisa. Dentro de dos o tres días.

(Dan golpes en el tabique del vecino. Se oye una voz al otro lado.)

OFF VECINO.—¡Oye! ¡Que te llaman por teléfono!
ALBERTO.—*(A gritos también.)* ¡Un momento, que voy!

(Sale ALBERTO. JAIMITO *mira aquello sin entender nada.)*

ELENA.—Es el cura. Es muy simpático. Nos hemos hecho amigos. Vino un día a por sal, y empezamos a hablar, a hablar... Nos viene muy bien, sobre todo por el teléfono, como dice Alberto. Ya no dice misa en las monjitas. Ahora le han contratado en un colegio y ya no está enfadado. Nosotros casi no ponemos música tampoco. Dice que en las monjitas le pagaban fatal, y que esos madrugones le estaban volviendo neurótico. Es muy amable y muy educado. Ahora está muy liado con eso de la LODE. El otro día nos dijo que si le acompañábamos a la manifestación, pero Alberto no puede ir a manifestaciones. Además le dijo su padre que en eso no hay que meterse. Es joven y majo, aunque sea cura. Es del Atleti*, y como Alberto es del Madrid, han tenido cada discusión... *(Acaba de guardar la ropa planchada.)* No me he acordado de preguntarte si querías que te planchara algo...
JAIMITO.—¿Eh? No, no. Gracias, pero no hace falta.
ELENA.—Cuando nos llaman por teléfono, nos avisa así, por el agujero. ¿Viene bien, no? Quita el tapón y servicio directo. Y si algún día nos entran ganas de confesarnos, nos confesamos por ahí.

(Entra ALBERTO. *Trae muy mala cara. Cierra la puerta de un portazo.)*

ALBERTO.—Han cogido a Chusa. En el tren. La han pillado con todo. La tienen en el cuartelillo de la estación. ¡Qué follón, Dios!

JAIMITO.—¿Que la han cogido? ¿Y está en Atocha? ¿Qué más te han dicho?

ALBERTO.—Eso, nada más.

JAIMITO.—¿La comisaría está allí mismo, en la estación?

ALBERTO.—Sí, dentro. La tendrán allí unas horas. Luego la pasarán al Juzgado de Guardia, y de ahí, a Yeserías*. Con todo lo que tenía encima va derecha a la cárcel. ¡Vaya un lío!

JAIMITO.—¿Pero cómo, cómo...? ¿Cómo la han cogido?

ALBERTO.—Pues cogiéndola. Vosotros os creéis que la policía es gilipollas. Hace una hora casi que está allí. Encima ha dado esta dirección. Han llamado a un vecino para que nos avisara de que estaba allí, y para comprobar si la ha dado bien. Ahora se pueden presentar aquí cuando les dé la gana.

(JAIMITO *coge una cazadora y se la pone. Mira a ver si lleva dinero y el carné de identidad. Va hacia la puerta.*)

JAIMITO.—Voy a ir, a ver si puedo verla, o hacer algo... ¿En Atocha?

(Sale. ALBERTO *y* ELENA *se miran.)*

ALBERTO.—Recoge tus cosas y márchate a casa con tu madre. Pueden venir aquí. ¡Esta tía también...! ¡Anda que!

ELENA.—*(Empieza a recoger.)* ¿Y cómo la habrán cogido en el tren?

ALBERTO.—Yo qué sé. Porque es tonta del culo. Se habrá puesto a fumar allí, y a dar a la gente... Hay que largarse de aquí rápido. Se lo he dicho veinte veces, que un día les iban a..., pues nada. Yo no sé qué se creen. *(Se pone a ayudarla a recoger.)* Si es que no puede ser. No puede ser...

(Oscuro.)

ESCENA SEGUNDA

(Ha pasado casi una hora. En escena ALBERTO, *solo, recogiendo a toda prisa sus cosas y metiéndolas en maletas y cajas de cartón. Se abre la puerta de la calle y aparece* JAIMITO.*)*

JAIMITO.—*(Entrando.)* Nada, que no me han dejado verla. Y encima casi me gano un par de hostias*. *(Se da cuenta de lo que está haciendo* ALBERTO.*)* ¿Qué pasa? ¿Qué estás haciendo?

ALBERTO.—*(Muy incómodo de que haya vuelto antes de que le diera tiempo a recoger y marcharse.)* Ya lo ves. Recogiendo mis cosas.

JAIMITO.—¿Recogiendo? ¿Por qué? ¿Qué ha pasado? ¿Y Elena?

ALBERTO.—Se ha ido.

JAIMITO.—¿Que se ha ido? ¿Adónde? Para un momento, ¿no? Deja ya eso. ¡Para!

ALBERTO.—Oye, me voy. Es en serio.

JAIMITO.—¿Que te vas? ¿Dónde te vas?

ALBERTO.—*(Sigue recogiendo.)* A casa de mis padres.

JAIMITO.—Alberto, no te comprendo, de verdad. Chusa está detenida, ¿no te das cuenta? Tienes que ir tú, que a ti sí que te dejan entrar; y hacer lo que puedas...

ALBERTO.—Lo siento.

JAIMITO.—¿Que lo sientes? Estás aquí, llevándote tus cosas. ¿Y lo sientes? Pues no lo sientas tanto y haz algo.

ALBERTO.—¿Qué quieres que haga? No puedo meterme en ese lío, no sé cómo no te das cuenta; y menos después del tiro tuyo ese.

JAIMITO.—Dirás del tuyo, el que me diste, ¿no?

ALBERTO.—Del que sea, para el caso es lo mismo. No puedo meterme, me la juego.

JAIMITO.—¿Y ella? ¿Ella no se la juega? Tú has dicho antes que si no se la saca de ahí la llevan a Yeserías.

ALBERTO.—Tú no entiendes de esas cosas, así que cállate.

JAIMITO.—Tú sí, ya lo veo. Tú entiendes demasiado.

(Se queda mirándole fijamente. El otro sigue recogiendo.)

ALBERTO.—Os he dicho un millón de veces que no quería saber nada de vuestros rollos. Conmigo ya no contéis más. Se acabó. Ya está bien. Ella sabía que si iba a por hachís la podían coger, ¿o no? Pues la han cogido. Hay que atenerse a las consecuencias de lo que se hace en la vida, coño, y no andar liando siempre a los demás para que le saquen a uno de los jaleos. Además, ahora no se puede hacer nada ya.

JAIMITO.—Lo mejor es hacer la maleta, ¿verdad?, y largarse. Hay que joderse. (ALBERTO *sigue a lo suyo, y* JAIMITO, *haciendo de tripas corazón, intenta entrarle con una nueva estrategia.)* Por favor, venga, somos amigos, ¿no?, por favor te lo pido, aunque sólo sea verla un momento, y hablar con ella. Luego ya, te vas si quieres, pero ahora... Hablas con los de allí, por eso no te va a pasar nada, o que me dejen entrar a mí si no, que soy su primo... A ver si le van a pegar, o le hacen algo...

ALBERTO.—Venga, no digas idioteces. No le hacen nada. Sólo la tienen allí, la interrogan, y le quitan lo que sea.

JAIMITO.—Vamos un momento, anda, por favor... *(Le sujeta.)*

ALBERTO.—Suéltame.

JAIMITO.—¡Qué cabrón eres! Pues de aquí no sales, así si vienen te agarrarán aquí. *(Se pone delante de la puerta.)* Pienso decir que eres el que pones el dinero y el que lo hace todo, ¡para que te jodas! ¿Me oyes bien? *(Se acerca a él y le agarra.)*

ALBERTO.—¡Que me sueltes! ¡Suéltame, que te...! *(Le da en el brazo herido sin querer al forcejear.* JAIMITO *se repliega agarrándose con dolor.)* Lo siento. ¿Te he hecho daño? Perdona. Tienes que entenderlo. Haré lo que pueda, pero más adelante; ahora me voy. ¿Puedo irme cuando quiera, no? ¿O es que me tengo que quedar aquí a vivir con vosotros toda la vida? Tú estás jodido por lo que estás jodido. Pues lo siento, tío, Elena se viene conmigo. Nos vamos juntos, y nos vamos. Y ya está. ¿Qué se va a hacer? La vida es así, no me la he inventado yo. Y Chusa... tampoco se va a morir por esto. Le pasa a más gente, y no se muere. Aquí cada uno hace lo que le conviene, ¿o me ha preguntado ella a mí, acaso, si me parecía bien que fuera a eso? Yo no me meto, te lo he dicho, así que... ¡Yo no soy el padre de nadie aquí, coño! No sé cómo no te das cuenta de que si me ven ahora con vosotros me la cargo.

JAIMITO.—¿Te lo ha dicho eso también tu padre?
ALBERTO.—No metas a mi padre, que no tiene nada que ver.
JAIMITO.—Anda, tío, pues vete. Vete a tomar por culo de aquí, que no te quiero ni ver. Y llévatelo todo bien. Lo que dejes aquí lo tiro por la ventana.
ALBERTO.—Si te pones así, mejor.
JAIMITO.—Claro, mejor. ¡Qué madero eres, y qué cabrón!

(ALBERTO *se revuelve echando la mano a la porra instintivamente, al sentirse insultado.*)

JAIMITO.—Sí, eso, saca la porra y dame con ella. Así te quedas a gusto. ¡Tu puta madre!
ALBERTO.—*(Va hacia él.)* ¡Ya! ¡Vale ya, ¿eh?¡ ¡Vale! (JAIMITO *le da un golpe fuerte al casete, que está encima de la mesa, tirándolo al suelo.)* ¡Que es mío! ¡Qué pasa! ¡Que te meto una que te...!

(*Le agarra y pelean, arrastrando todo lo que encuentran a su paso en medio de un gran jaleo. En esto se abre la puerta y entra* ELENA. *Al verla entrar se separan, arreglándose automáticamente la ropa y el pelo.* ELENA *se queda parada al ver lo que está pasando.)*

ELENA.—*(Casi sin voz.)* Hola. Está el coche de mi madre abajo. *(A* ALBERTO.) Tienes sangre en el labio.

(ALBERTO *entra en el lavabo, y ella detrás.* JAIMITO, *sentado en una silla, mira como un autómata la pared.)*

DOÑA ANTONIA.—*(Entrando por la puerta, que* ELENA *ha dejado entornada.)* Venga ya, que estamos en doble fija y va a venir la grúa. *(Sin enterarse de nada de lo que está pasando.)* Hola, tú, qué tal el brazo. ¿Nos ayudas a bajar los paquetes? *(Él no se mueve. Habla ahora a los otros que salen del lavabo.)* ¿Todo esto hay que bajar? No va a caber en el coche. *(A* ELENA.) Tu madre no puede subir a ayudar; no va a dejar el coche solo para que nos lo roben. Yo cojo esto, que pesa menos. *(Sale cargada con unos paquetes pequeños.)*
ALBERTO.—*(Con un pañuelo en el labio. A* ELENA.) Coge tú las cajas. Yo llevo las maletas.

(Cargan con todo lo que pueden, sin mirar a JAIMITO, *intentando acabar lo antes posible, y salen. Queda la puerta de la calle abierta de par en par.* JAIMITO *se levanta lentamente, se acerca a ella y la cierra de una patada. Luego se vuelve a sentar. Llaman a la puerta. Se levanta y abre.)*

DOÑA ANTONIA.—*(Entrando.)* Que se han dejado esto. *(Coge el casete que seguía tirado en el suelo.)* ¿Sabes si hay algo más de ellos por aquí? *(Él no contesta.)* Bueno, pues si acaso ya pasarán a recoger lo que sea otro día. Lo dicho, que te mejores.

(Sale con el casete, volviendo a dejar la puerta abierta. Él se levanta otra vez y está a punto de cerrarla de nuevo con una patada. Luego la cierra despacio con la mano, se recuesta en ella una vez cerrada y mira desde allí la habitación vacía. Va después a la cocina y vuelve con unas hojas de lechuga en las manos. Llega hasta la jaula del hámster.)

JAIMITO.—Toma, Humphrey, lechuga, come. ¿Está buena? A la Chusa le darán la comida también así, por las rejas. ¿Quieres más? Desde luego es que te lo tienen que hacer todo. Te lo tienes montado a lo Onassis*. Como un faraón ahí, pasando de todo. Sólo te faltan las pirámides. Si quieres que te diga la verdad, Humphrey, estoy hecho polvo. Tela de chungo* estoy. No, no es del brazo, eso no duele ya, un tiro no es nada. Bueno, si te lo dan a ti, que eres un pequeñajo, a lo mejor te espachurran. Lo que duele es lo otro. ¿Qué le habré visto yo a esa gilipollas? ¿Pero tú te has fijado? Si está en los huesos, ni tetas ni nada, y una cara de tonta que no se lame. Cada vez que iba a verme al hospital me sentaba peor que la penicilina. Por cierto, que tú no has aparecido por la 422, sinvergüenza. Hay que ir a visitar a los amigos cuando les dan un tiro. Ya lo sabes, para la próxima vez. En el hospital se estaba bien. Mi ventana daba justo enfrente del depósito de cadáveres. Un palo*, tío. Cada vez que me asomaba me daba un bajón. Pero tranquilo; me iba al pasillo, y paseo va, paseo viene. Allí todos te cuentan la vida. En cuanto te ven se te acercan, y que si la tía, que si el padre, que si yo soy el más enfermo de toda la planta, que no me entienden los médicos... A veces dos, uno de cada brazo a la vez. ¿Tú crees que esto se me pasará? ¡Quieres dejar de dar vueltas de una vez a ese cacharro! No sé cómo no te hartas ya de la rueda esa. No puedo respirar. ¿Has estado enamorado alguna vez, Humphrey? No te lo aconsejo. Claro que tú también, ahí metido, como no te enamores de una mosca que pase. Yo, antes de esto, sólo lo de aquella chica de Simago. No te preocupes, que no te lo cuento otra vez. Pero no era como ahora. Ahora es peor, la otra malo, y ésta peor. ¡Qué cabrón el Alberto, madero, que es un madero! Es ridículo. Esto es ridículo... *(Se suena disimulando las lágrimas.)* Estoy un poco constipado, sabes. Sí, te lo juro. Soy un ridículo, por mucho que te empeñes, lo soy y ya está. Un idiota. ¿Quieres más lechuga? ¡No te comas el dedo, coño! Ahora, que porque estaba yo en el hospital, si no, de qué. Ése siempre hace lo mismo. Como sabía que si me quedaba aquí ella se iba conmigo, me da un tiro, y al hospital. Y claro, como estaba triste, y sola... Además, le ha ayudado la madre, la lagarta gorda esa que dice siempre que tú eres una rata.

Y la Chusa por ahí, de crucero. Es que se ha juntado todo. Humphrey, te lo juro. ¿Te estás durmiendo? ¿Ahora encima te duermes? Desde luego... No te vuelvo a contar nada, te pongas como te pongas. *(Se aleja de la jaula y hace movimientos por la habitación que recuerdan a los del hámster. Incluso da vueltas a una rueda parecida que hay sobre la mesa, e, inconscientemente, se acaba de comer la lechuga que le queda en la mano.)* Lo peor es lo mal que se respira. Eso es lo peor. ¿Te acuerdas, Humphrey, cuando te dejó a ti la Ingrid*?

> *(Coge la flauta de la pared, se sienta y se pone a tocar muy melancólicamente la canción de la película* Casablanca: «Remember always this, a kiss is just a kiss...»*.*)*
>
> *(Oscuro.)*

ESCENA TERCERA

(Han pasado dos días. Es media tarde. La escena vacía. El hámster en su jaula sigue dándole vueltas a la rueda. Se abre la puerta de la calle y entra CHUSA *con bolsas en la mano.)*

CHUSA.—¿Hay alguien? ¿No hay nadie?

> *(Se abre la puerta del lavabo y sale* JAIMITO, *calado, de la ducha, medio tapándose con una toalla. Sigue con su brazo en cabestrillo.)*

JAIMITO.—*(Sorprendido.)* ¿Qué haces tú aquí? ¿Pero no estabas en la cárcel?
CHUSA.—Me han soltado, ya lo ves.
JAIMITO.—¿Que te han soltado? Pero ¿cómo que te han soltado?
CHUSA.—Parece que no te gusta. Me han soltado porque me han soltado. ¿O querías que me tuvieran allí toda la vida?

JAIMITO.—Después del lío que he armado para que un abogado fuera a verte esta tarde... Ahora irá y no estás allí. No sé qué le voy a decir, después del rollo que le he tenido que meter. Es muy bueno, se llama Alfredo Alonso, y le he estado explicando todo...
CHUSA.—Sécate, que vas a coger un trancazo si sigues ahí calado.

(Él se mete en el lavabo, y con la puerta abierta sigue hablando desde allí. CHUSA *empieza a sacar las cosas de las bolsas y a meterlas en su armario.)*

JAIMITO.—Iba a ir esta tarde, fíjate. Con lo ocupado que está...
CHUSA.—Bueno, pues le llamas y le dices que no vaya. ¿Dónde están éstos?
JAIMITO.—Se han largado.
CHUSA.—¿Adónde?
JAIMITO.—*(Sale del lavabo y se le acerca.)* Se han largado del todo; se han abierto, tía. Se han llevado sus cosas... Quedan esas cajas de ahí; van a venir luego a por ellas. En eso han quedado.

(De pronto ella toma contacto con la realidad. Ve las cajas. Luego las cosas que faltan y el cambio en la habitación.)

CHUSA.—*(Deja de guardar la ropa y se sienta muy afectada.)* Pero ¿cómo? ¿Qué ha pasado?
JAIMITO.—*(Acabando de vestirse.)* Se han largado, juntos, los dos. Los dos y sus madres. Los cuatro. Bueno, y el padre. Se van a casar. Han cogido un piso en Móstoles. El día que yo salí del hospital, y te cogieron a ti, fue todo un lío.
CHUSA.—¿Qué tal sigue tu brazo?
JAIMITO.—*(Sacándolo y metiéndolo del pañuelo con que se lo sujeta al cuello.)* Bien, mira. Lo puedo mover ya. Mañana o pasado me quito esto. Pues nada, que se han ido.

Chusa.—¿Alberto, también?

Jaimito.—No te digo que se han ido los dos juntos. ¿Y cómo es que te han soltado, así, de pronto?

Chusa.—Me han tenido tres días. Allí no podían tenerme más. Me tenían que soltar o mandar a Yeserías, así que aquí estoy. Tendré un juicio cuando sea. Me pillaron con un montón, trescientos gramos por lo menos, pero la denuncia es de haberme encontrado media bola. Cincuenta gramos. Yo no iba a protestar, claro. Lo demás ha desaparecido por el camino.

Jaimito.—Mejor, ¿no? Por tan poco no te va a pasar nada.

Chusa.—¡Qué negocio tienen montado algunos! Pensaba pedirle a Alberto que mirara a ver quién se lo ha quedado.

Jaimito.—Olvídate de Alberto. Ya ves cómo ha ido a verte, y lo que se ha preocupado. Pasa de él, de verdad te lo digo. Y de ella igual.

Chusa.—¿Te han tratado bien en el hospital?

Jaimito.—Como a un marqués. Las heridas de bala dan mucho prestigio. Y luego, como ha ido varias veces la policía a interrogarme, allí creían que era de la ETA por lo menos. No veas los platos de comida que me llevaban. Un respeto, tía. La gente, muy maja. Y las enfermeras, de esas que ya no queda. ¿Y a ti, en la comisaría?

Chusa.—No me han hecho ni caso. Me han tenido allí tres días, y luego me han soltado.

Jaimito.—Oye, voy un momento a llamar a Alfredo, el abogado, a ver si no se ha ido todavía. Llamo desde la casa del cura, el de al lado. Es que éstos se hicieron amigos suyos cuando no estábamos aquí. Viene muchas veces. Es simpático; y como le gusta cocinar... Ya sabes que a mí eso de la cocina, fatal. Estos días, como estaba solo... Bueno, vengo en seguida y hablamos. Hay té hecho, si quieres. Hasta ahora.

(Sale. Ella se queda sola. Va hasta la jaula del hámster y da unos golpes con los dedos en las rejas. Luego sigue poniendo sus cosas en el armario lentamente.

Llaman a la puerta. Va a abrir creyendo que es Jaimito *que vuelve, y se encuentra en la puerta con*
Elena. *Sorpresa por parte de las dos.)*

Chusa.—Bueno, pasa, ¿no? No te quedes ahí parada.
Elena.—Creíamos que estabas...
Chusa.—Me han soltado. Si quieres sentarte... Como si estuvieras en tu casa. Ya sabes dónde está todo.
Elena.—¿Te ha dicho Jaimito...?
Chusa.—Sí, me ha dicho Jaimito. ¿Quieres un té?
Elena.—Sí, gracias.
Chusa.—Pues cógelo, está en la cocina, ¿o te lo tengo que traer yo también?

(Elena *va a la cocina y vuelve con una taza de té.)*

Elena.—*(Bebiendo.)* He quedado aquí con Alberto, para acabar de llevarnos lo que queda. Me alegro de que estés bien.
Chusa.—Gracias. *(Pausa embarazosa.)* ¿Y qué tal tu madre?
Elena.—Bien. Ahora estoy viviendo allí otra vez, hasta que nos casemos. Ya tenemos el piso, en Móstoles. Si quieres puedes venir un día a verlo.
Chusa.—No, gracias.
Elena.—¿Estás enfadada conmigo?
Chusa.—No, no. Es que Móstoles está muy lejos.
Elena.—Ahora hay metro ya.
Chusa.—Sí, pero no. De verdad. Déjalo.
Elena.—Oye, Chusa, tengo que decirte una cosa... Por las pelas esas no te preocupes ahora. Más adelante, cuando buenamente puedas, me las das, pero ahora me imagino que no tendrás veinticinco mil pesetas aquí... Es que como me las dejó mi madre... Y ahora además, con el piso y eso... Pero vamos, cuando tú puedas, o si puedes ahora algo, y luego, poco a poco...
Chusa.—Me cogió la policía, ¿sabes? Me lo quitaron.
Elena.—Pero yo sólo te lo dejé, Chusa, la verdad.

Chusa.—Ya. Si todo iba bien, y lo vendíamos y ganábamos pelas, para las dos. Y si me lo quitaban, me lo has dejado, ¿verdad? Qué lista eres tú también.

Elena.—Mira, yo no quiero que Alberto se meta en esto, pero él me ha dicho que te lo diga. Una cosa es ser amigos, pero el dinero es el dinero.

Chusa.—Pues no te las voy a dar, para que te enteres. No las tengo, pero si las tuviera tampoco te las daría. Y ya te puedes ir metiendo a Alberto por donde te quepa.

Elena.—No sé por qué te pones así. Somos amigas, ¿no?

Chusa.—Me pongo así porque me da la gana. Y no somos amigas.

Elena.—Estás así por lo de Alberto. Pues lo siento.

Chusa.—Pues no lo sientas, y que te aproveche.

Elena.—¿Sabes lo que te digo? Que tiene razón mi madre. Así no se puede vivir. Cualquier día vas a acabar en cualquier sitio. Yo te lo digo por tu bien. Una cosa es pasarlo bien, y la libertad y todo eso, y otra cosa es como tú vives. Mi madre me ha dicho...

Chusa.—*(Cortándola.)* Oye, guapa, no querrás contarme tu vida ahora. Ni la de tu madre, la de la piscina. *(Muy dura.* Elena *acusa el golpe. Pausa.)*

Elena.—Entonces, lo del dinero, ¿qué le digo a Alberto?, y a mi madre...

Chusa.—Diles lo que te dé la gana.

Elena.—Anda que también, en qué hora se me ocurriría a mí.

Chusa.—Eso digo yo. En qué hora.

(Se aleja hacia la cocina. Queda Elena *sola. Entra* Jaimito.*)*

Jaimito.—Ya se había ido... *(Ve a* Elena *y se corta.)* Hola. ¿Qué tal?

Elena.—*(Va hacia él y le da dos besos amistosos.)* He venido a por las cosas. Ahora viene Alberto. ¿Qué tal el brazo?

Jaimito.—Bien, muy bien, gracias. *(Pausa.)* ¿Quieres un té? *(Ella le muestra la taza que lleva aún en las manos.)* ¿Y qué tal todo? Estás muy guapa, de verdad. Pero siéntate, mujer. A Chusa ya la han soltado, ya ves qué suerte, ¿verdad? ¿Y qué tal la casa?

ELENA.—Bien, la estamos amueblando. Ahora vivo con mi madre.

JAIMITO.—Ya. ¿Chusa? *(Llama hacia la cocina, y nota algo raro.)* ¿Te pasa algo?

CHUSA.—*(Desde la cocina.)* La saliva por la garganta me pasa.

ELENA.—Está enfada. Peor para ella. Dos trabajos tiene.

CHUSA.—*(Saliendo.)* ¡Eres una estúpida, eso es lo que eres! ¡Una mema, con esa carita de mosquita muerta!

JAIMITO.—Bueno, déjalo...

CHUSA.—*(Haciendo burla.)* «Que me he escapado de casa porque no aguanto a mi mamaíta...»

ELENA.—¡Tú lo que tienes que hacer es devolverme el dinero que me debes!

JAIMITO.—*(Metiéndose en medio.)* Basta ya, deja... Y tú... Por favor.

(Se abre la puerta de la calle y entran ALBERTO y su madre. Notan el clima, y han oído además los gritos desde fuera. ALBERTO viene de paisano.)

ALBERTO.—Hola, buenas. *(Acercándose.)* ¿Cómo estás? *(Va a darle un beso y ella se retira.)*

CHUSA.—Muy bien, ¿y tú?

ALBERTO.—Bien. Tienes buena cara.

CHUSA.—Regular.

ALBERTO.—Ha habido suerte, ¿eh?

CHUSA.—Ya ves.

DOÑA ANTONIA.—Hala, vamos. Abreviando que es gerundio.

(Empieza a coger los paquetes y cosas que se encuentra junto a la puerta. Coge la flauta de JAIMITO.)

JAIMITO.—Oiga, señora, que eso es mío.

Doña Antonia.—Como estaba aquí...

Jaimito.—Lo de ellos es esto, las cajas. No sé si habrá algo más. Yo he metido todo lo que he encontrado.

Alberto.—No, es igual, de verdad. Está bien.

Chusa.—La mesa camilla es también en parte tuya. Te puedes llevar una pata si quieres. Y tres platos.

Doña Antonia.—Saliendo.

Jaimito.—Yo os bajo el espejo.

Elena.—A ver si te vas a hacer daño en el brazo.

Jaimito.—No, está ya bien.

(Salen Doña Antonia, Elena y Jaimito. Despedidas frías desde la puerta. Se queda el último Alberto, cuando los otros ya han salido.)

Alberto.—*(Desde la puerta.)* Bueno, adiós Chusa. Ya hablaremos otro día más tranquilamente. Hoy está esto...

Chusa.—Alberto.

Alberto.—¿Qué?

Chusa.—La llave. Tú ya no la necesitas para nada.

Alberto.—*(Deja el paquete en el suelo. Se busca y encuentra la llave. Se acerca a dársela.)* Toma.

Chusa.—Ahí hay un libro tuyo, el Whitman* que te regalé. ¿No lo quieres?

Alberto.—No, déjalo. O sí, dámelo; lo que tú quieras.

Chusa.—Ese póster también lo trajiste tú. *(Empieza a quitarlo de la pared.)*

Alberto.—Déjalo, no quiero un póster, Chusa.

Chusa.—*(Ya arrancándolo de mala manera.)* Pues toma, tíralo.

Alberto.—Bueno, trae.

Chusa.—¿No queda nada?

Alberto.—Oye, no me voy a la India, ni me he muerto. Voy a Móstoles. Hoy no es el momento, pero tenemos que hablar. Siento mucho que te cogieran, y todo lo que ha pasado, de verdad. Me hubiera gustado... Pero déjalo. ¿Qué es lo que te pasó? ¿Cómo te cogieron?

Chusa.—En el tren. Por hacer un favor a uno. Tenía una cara de bueno que se la pisaba, y luego era policía. *(Pausa. Le mira.)* Desde luego es que hoy en día ya no te puedes fiar de nadie.

Alberto.—Otro día quedamos.

Chusa.—Sí, otro día. El día de los Santos Inocentes. *(Va a salir él.)* ¡Alberto!

Alberto.—¿Sí, qué?

Chusa.—No, nada. Déjalo. Qué mismo da.

(Él sale. Se cruza en el descansillo con Jaimito, que vuelve. Se les ve por la puerta abierta despedirse. Luego Jaimito entra y cierra. Suelta entonces una carcajada, tapándose la boca con la mano para que no le oiga el otro fuera. Viene mojado de la lluvia que cae ahora y que vemos golpea contra los cristales de la ventana. Trae en la mano una corbata chillona de lunares.)

Jaimito.—¡Se ha caído la gorda! ¡De culo, en un charco! ¡Te meas si la ves! *(Risas.)* Mira, me ha regalado una corbata por ayudarles. Ha abierto el bolso, me ha dado la corbata, y ¡zas!, al charco. *(Se da cuenta de lo triste que está ella, y se contagia, quitándosele la risa de golpe. Se acerca a la cabeza del esclavo egipcio y le pone la corbata.)* Bueno, pues se han ido.

Chusa.—Sí.

Jaimito.—¿Y nosotros qué pintamos aquí?

Chusa.—¿Nosotros? Nada.

Jaimito.—Es que hay que joderse.

Chusa.—Ya ves.

(Jaimito se deja caer en una butaca y se revuelve en ella.)

Jaimito.—Me dan ganas de quitarme el ojo y reventar el mundo de un ojazo con él.

CHUSA.—Lo único que reventaría sería tu ojo. Déjalo donde está. Estarías muy feo con un ojo sí y otro no. Parecerías un pirata de las películas.

JAIMITO.—Eso sí que habría sido lo mejor, haber nacido en la época de los piratas, para montarnos en un barco con la bandera negra y la calavera, y a cruzar los mares subido al palo mayor.

CHUSA.—Te caerías, y te partirías una pierna.

JAIMITO.—¡Mejor! Cojo, manco, tuerto... Parecería el terror de los mares, cañonazo va, cañonazo viene, a todos los cabronazos con dos ojos, dos piernas y porvenir, que se me pusieran por delante. A esos dos los primeros, y a la madre, y al padre... ¡A todos! ¡A todo el que se me pusiera por delante! Ya sabes cómo las gasto yo. Acuérdate el día de la pistola la que armé. Corriendo con el culo colgando que iban esos dos chulos de mierda. Así iban a ir todos. *(Ella se echa a llorar.)* Venga, tía, no te pongas así. ¿Quieres que te cuente el chiste ese tan malo que te hace tanta gracia?: «es que de pequeño estuve muy malito...» ¡No jodas, Chusa!

CHUSA.—Ya estoy mejor. Perdona. Tenía aquí un nudo. Ahora ya estoy bien.

JAIMITO.—Venga, ponemos música o lo que sea... Se han llevado el casete. Bueno, pues canto yo: «... Cuando la muerte venga a visitarme, que me lleven al Sur donde nací, aquí no queda sitio para nadie, pongamos que hablo de Madrid»*. ¿Eh, tía? Si lo vemos mal nos ganamos la vida cantando, dándole al morro. Tú tranquila, de verdad.

(Ella va al lavabo a lavarse la cara. Él, hacia la cocina. Dejan las puertas abiertas y se les ve. Siguen hablando entre ellos desde lejos.)

JAIMITO.—Voy a hacer otro té, pero especial, de los que te gustan a ti; un quitapenas moruno a tope*. Pero no te pongas chunga, que ya verás cómo no pasa nada. ¿Qué? «¿Con dos terrones»?

CHUSA.—*(Sale del lavabo secándose.)* Sí, dos terrones, y cucharilla de plata. *(Pausa.)* Pues nos hemos quedado un poco solos.

Jaimito.—¿Y yo qué? Somos dos, y dos de los que ya no quedan, o sea, que valemos por cuatro, por lo menos.

Chusa.—*(Saca de su armario el álbum de recortes de* Elena.) Se ha dejado los recortes de su colección. *(Lo hojea.)* «Hija, vuelve, tu madre te necesita.» Ya ha vuelto.

Jaimito.—Ésos ya están en el bote. Su pisito, el sueldo al mes, la tele, los niños... Bueno, como todo el mundo; menos tú, y yo, y cuatro pirados más de la vida que hay por ahí. Si hacen bien, ¿no? *(Le da el té.)* Toma. Cuidado, que quema. ¿Te has quemado?

Chusa.—No. Ya estoy mejor.

Jaimito.—Voy a liar uno.

(Se sienta y se pone a preparar un canuto.)

Chusa.—Ahora a esperar el juicio encima. No creas que lo mío...

Jaimito.—¿Y yo no? Estoy metido en un fregao también de aquí te espero. Por el tiro. Tuve que firmar que me lo había dado yo; y está muy castigado andar por ahí pegándose uno tiros a lo tonto. ¡Qué follón! ¿Tienes cerillas? *(Ella dice que no con la cabeza. Él va a la cocina. Habla desde allí.)* ¡Qué mes! ¡De todo! Sólo nos ha faltado quedarnos embarazados.

(Ella se sonríe tristemente. Él vuelve con las cerillas, la mira. Ella le hace señas a la tripa diciendo que sí con la cabeza.)

Jaimito.—¿Qué? ¿Que sí? ¿Que también nos hemos quedado embarazados? *(Ella dice que sí con la cabeza.)* ¡Hala! Alegría. Y ahora empezarán a caer las bombas atómicas del Rigan ese. Que no falte de nada. *(Se ríen los dos.)* ¿Pero estás segura?

Chusa.—Casi segura. No me he hecho los análisis, pero por los días...

Jaimito.—¿Y de quién es? ¿De Alberto?

Chusa.—De Alberto.

Jaimito.—¿Lo sabe ese desgraciado?

CHUSA.—No.

JAIMITO.—¿Por qué no se lo has dicho? Ahora mismo me voy a buscarle, y se lo planto en su cara para que se les joda la boda y se les amargue la luna de miel.

CHUSA.—No quiero que lo sepa, déjalo.

JAIMITO.—Pero ¿por qué?

CHUSA.—Porque no. Primero no es seguro del todo; y diría que no es fijo que sea de él, que puede ser de cualquiera... Se marcharía igual. Y además, no es de él. Bueno, sí es de él, pero como si no lo fuera. Yo me entiendo. Es un problema mío; él ya no está aquí.

JAIMITO.—Y mío también, ¿no? Así que estamos embarazados. Embarazados. Esto no me había pasado a mí nunca, ya ves. ¿Y qué vamos a hacer?

(Ella se levanta, sonríe, y al pasar a su lado le acaricia cariñosamente el pelo.)

CHUSA.—No lo sé. Aún tenemos tiempo de pensarlo, en caso de que sea cierto.

JAIMITO.—Si quieres ir a Inglaterra*, por las libras no te preocupes. Eso es cosa mía. Por otro lado tampoco estaría mal que tuviéramos un crío; así podíamos bajar juntos al moro. Con el niño en los brazos se me quitaría la cara de sospechoso.

CHUSA.—Gracias. Eres un tío.

JAIMITO.—Pues sí, es lo que me parece que voy a ser. *(Se ríen.)* Tío.

CHUSA.—Espera, no corras tanto, no sea que se quede en falsa alarma. Además, casi seguro que no lo tendría. ¿Qué íbamos a hacer nosotros con un niño?

JAIMITO.—Anda, pues lo que hacen todos. Te imaginas, si naciera un niño ahora, qué cosas pensará luego, cuando sea mayor...

CHUSA.—¿Qué va a pensar, de qué?

JAIMITO.—De la vida, de las personas, de lo que nos pasa a nosotros, de todo. Para entonces sí que dará gusto vivir, ¿a que sí? Será todo mejor.

CHUSA.—Qué optimista eres. O peor. Se liarán a bombazos esos animales, y se acabó.

JAIMITO.—Que no, tía, que no. Eso es cosa de esta gente de ahora, que está podrida. Cuando éste sea mayor será totalmente diferente. Mira, para entonces, ya nadie tendrá que ir a la mili, ni habrá ejército, ni bombas, ni coñas de esas. Ni habrá Móstoles, ni te meterán en la cárcel, ni nada de nada. Si se te cae un ojo, te pondrán otro en seguida, pero no de cristal, como éste, no, de verdad, de los buenos, de los que se ve. Y si alguien se entera de que va a tener un niño, si no quiere tenerlo, todas las facilidades, pero sin irse a Inglaterra ni rollos de esos malos. Aquí, a las claras y por la seguridad social. Y si lo quiere tener, pues ningún problema, estupendo, todos encantados. Y nacerán ya de más mayores cada vez, para que no lloren por las noches, ni se caguen, ni se pongan malos. Ya nada más nacer, zas, una renta vitalicia, un dinero bien, como les pasa ahora a los ricos, pues a todos. De entrada naces, y un dinero para que estudies, o viajes, o vivas como quieras, sin tener que estar ahí como un pringao* toda la vida; porque todo estará organizado justo al revés de como está ahora, y la gente podrá estar feliz de una vez, y bien. A gusto.

CHUSA.—Sí, jauja.

JAIMITO.—Ya lo verás, tía, ya lo verás. Oye, ya estoy sin papelillo otra vez, ¿tienes?

CHUSA.—No, pero voy a buscarlo a la calle *(Se levanta.)* Así me da un poco el aire. En seguida vengo.

JAIMITO.—Y no te traigas de paso a todo el que encuentres por ahí, que luego, mira.

CHUSA.—*(En la puerta.)* A todo el que encuentre, ¿oyes? A todo el que encuentre y no tenga adónde ir. *(Sale.)*

JAIMITO.—Eres una tía cojonuda, Chusa, te lo digo yo. *(Se mira los bolsillos.)* Bueno, ya se llevó otra vez las llaves.

(Mira un momento a su alrededor, da un golpecito cariñoso en la jaula del hámster, saca su material de trabajo, se sienta en el colchón y se pone de nuevo a hacer sandalias.)

FIN

GLOSARIO

a Inglaterra: a abortar.
Apocalípticos e integrados ante la cultura de masas: título completo del libro de Umberto Eco.
Atleti: el Club de Fútbol Atlético de Madrid.
bascas: 'antojos'.
basquilla: diminutivo cariñoso de *basca:* 'pandilla, compañeros'.
bocata: 'bocadillo'.
bofia: 'policía'.
borde: 'estúpido, intratable'.
caballo: 'heroína'.
caja: 'cabeza'.
canuto: 'porro'.
Carabanchel: cárcel madrileña situada en el barrio de Carabanchel; *en Carabanchel:* 'en la cárcel'.
coña: 'broma'; *de coña:* 'de broma'.
cortados: 'tímidos'.
corte: 'apuro, vergüenza'.
costo: 'hachís'.
chachi o *chanchi:* 'estupendo, guapo'.
Chagüe: Xauen, ciudad marroquí.
Chick Corea: uno de los grandes pianistas de *jazz* actuales.
china: 'porción de hachís para liar un porro'.
chingando: 'fornicando'.
chocolate: 'hachís'.
chollo: 'ganga'.
chorrada: 'tontería, estupidez'.
chorva: 'chica'.
chumino, chumi: 'coño'.

chutas: 'inyectar heroína'.
dar mucho cante: 'llamar mucho la atención'.
de qué va: 'qué hace, a qué se dedica'.
echándole morro: 'siendo atrevido, cínico'.
el espejo de la Cenicienta: debe referirse al de la bruja en *Blancanieves*.
enrollarse bien: 'llevarse bien'.
fetén: 'estupendo'.
follón: 'lío, enredo'.
harina: 'droga'.
hortera: 'cursi, de mal gusto'.
hostias: 'bofetadas'.
Humphrey: alusión a Humphrey Bogart, protagonista de la película *Casablanca*.
Ingrid: Ingrid Bergman, actriz protagonista de la película *Casablanca*.
Jaimito: 'bobo'.
la goma de la olla no te cierra: 'no te funciona la cabeza'.
madero: 'policía' (por el color del uniforme).
Mahou: marca de cerveza.
mangando: 'robando'.
mangui: 'ladronzuelo, chorizo'.
maría: 'marihuana'.
Me quedo contigo: canción de Ramos Prada y Salazar, utilizada por el director Carlos Saura en su película *Deprisa, deprisa* (1981), también de ambiente marginal.
mogollón: 'lío, confusión'.
Mojamé: 'moro'.
mono: 'síndrome de abstinencia'.
mosquea: 'recela, tiene suspicacia'.
Móstoles: ciudad-dormitorio al oeste de Madrid.
mudarse: puede referirse a la casa o a la ropa.
neocatecumenales: católicos que intentan recuperar el espíritu del cristianismo auténtico, como nuevos catecúmenos.
no te jode: interjección que expresa sólo desagrado.
Onassis: multimillonario griego; *a lo Onassis:* 'como un multimillonario'.
palo: 'golpe, trago duro'.
papelillo: puede referirse a 'papel de fumar' o equivaler a *papelina*: 'envoltorio que contiene una pequeña cantidad de droga'.
paquete: 'castigo, arresto'.
pelandusca: 'puta'.

pico: 'inyección de heroína u otra droga en vena'.
pirada: 'loca, chiflada'. (En el lenguaje de la droga: 'estar drogada'.)
pistonudo: eufemismo por *cojonudo:* 'estupendo'.
pelo, al: 'estupendamente'.
pringao: 'desgraciado, primo'.
plasta: 'pelma'.
Pongamos que hablo de Madrid: Canción de Joaquín Sabina, una especie de símbolo de la *movida* madrileña.
Puente Cultural: una popular agencia de viajes.
puta madre, de: 'muchísimo, estupendamente'.
qué punto: 'qué bien'.
que te cagas: 'de cuidado, terrible'.
Quevedo, glorieta de: zona céntrica y popular de Madrid.
Remember always this, a kiss is just a kiss: letra de *As time goes by*, tema musical de *Casablanca* que suena, una vez más, al final de la película.
rollo: 'asunto'.
Sal, calle de la: desemboca en la madrileña Plaza Mayor.
Simago: cadena de almacenes populares.
sin un clavo: 'sin nada de dinero'.
suavito: 'con disimulo'.
tela de chungo: 'muy mal'.
tela de rara: 'muy rara'.
tía: 'amiga, persona de fiar'.
tope, a: lo máximo posible.
tranqui: 'tranquilo'.
Villaverde Alto: ciudad-dormitorio, al sur de Madrid.
Whitman: Walt Whitman, poeta estadounidense (1819-1892), autor de *Hojas de hierba.*
Yeserías: la cárcel madrileña para mujeres.

ÚLTIMOS TÍTULOS PUBLICADOS EN COLECCIÓN AUSTRAL

Ramón del Valle-Inclán
344. **Romance de Lobos**
Edición de Ricardo Doménech

Andrés Berlanga
345. **La Gaznápira**
Prólogo de Manuel Seco

Plauto
346. **Anfitrión. La comedia de los asnos. La comedia de la olla**
Traducción de José M.ª Guinot Galán
Edición de Gregorio Hinojo

Bertrand Russell
347. **Historia de la Filosofía Occidental**
348. Prólogo de Jesús Mosterín

Gonzalo Torrente Ballester
349. **Crónica del Rey pasmado**
Prólogo de Santiago Castelo

William Shakespeare
350. **Hamlet**
Edición y traducción de Ángel-Luis Pujante

Juan Benet
351. **El aire de un crimen**
Prólogo de Félix de Azúa

Carlos Gurméndez
352. **La melancolía**
Prólogo de Javier Muguerza

Molière
353. **El Tartufo**
Edición y traducción de Mauro Armiño

Publio Ovidio Nasón
354. **Metamorfosis**
Introducción de José Antonio Enríquez
Traducción y notas de Ely Leonetti Jungl

Antonio Gala
355. **Los verdes campos del Edén. Los buenos días perdidos**
Introducción de Phyllis Zatlin

Amando de Miguel
356. **La perversión del lenguaje**

Antonio Gala
357. **Los bellos durmientes**
Prólogo de Isabel Martínez Moreno

Miguel Delibes
358. **Castilla, lo castellano y los castellanos**
Prólogo de Emilio Alarcos

Lope de Vega
359. **Fuente Ovejuna**
Edición de Rinaldo Froldi

Honoré de Balzac
360. **Eugénie Grandet**
Traducción y edición de Ana M.ª Platas Tasende

Václav Havel
361. **Discursos políticos**
Prólogo de Javier Tusell

Ramón del Valle-Inclán
362. **Claves Líricas**
Edición de José Servera Baño

Leopoldo Alas «Clarín»
363. **La Regenta**
Edición de Mariano Baquero Goyanes

Antonio Buero Vallejo
364. **Las trampas del azar**
Prólogo de Virtudes Serrano

Mariano José de Larra
365. **El doncel de don Enrique el Doliente**
Edición de M.ª Paz Yáñez

E. M. Foster
366. **Una habitación con vistas**
Prólogo de Encarna Castejón
Traducción de Marta Passarrodona

Evelyn Waugh
367. **Un puñado de polvo**
Prólogo de Eduardo Chamorro
Traducción de Carlos Manzano

Ramón del Valle-Inclán
368. **La Lámpara Maravillosa**
Edición de Francisco Javier Blasco Pascual

Isaiah Berlin
369. **Antología de ensayos**
Edición de Joaquín Abellán

William Shakespeare
370. **Macbeth**
Edición y traducción de Ángel-Luis Pujante

J. J. Armas Marcelo
371. **Las naves quemadas**
Prólogo de Rafael Conte

Ramón del Valle-Inclán
372. **Femeninas. Epitalamio**
Introducción de Antonio de Zubiaurre

Antonio Muñoz Molina
373. **Nada del otro mundo**
Prólogo de Andrés Soria Olmedo

Blaise Pascal
374. **Pensamientos**
Introducción de Gabriel Albiac

Ramón del Valle-Inclán
375. **Flor de Santidad. La Media Noche**
Edición de Arcadio López-Casanova

Leopoldo Alas, *Clarín*
376. **Treinta relatos**
Selección y edición de Carolyn Richmond

André Malraux
377. **La Vía Real**
Prólogo de Horacio Vázquez-Rial

Ramón del Valle-Inclán
378. **Divinas Palabras**
Edición de Gonzalo Sobejano

Ramón del Valle-Inclán
379. **Varia**
Edición de Joaquín del Valle-Inclán

Manuel Mujica Láinez
380. **El Gran Teatro**
Prólogo de Luis Antonio de Villena

Ludwig Wittgenstein
381. **Aforismos. Cultura y valor**
Prólogo de Javier Sádaba
Edición de G. H. von Wright

Ramón del Valle-Inclán
382. **El Yermo de las Almas. El Marqués de Bradomín**
Edición de Ángela Ena

Francisco Umbral
383. **Ramón y las Vanguardias**
Prólogo de Gonzalo Torrente Ballester

Lucio Apuleyo
384. **El asno de oro**
Traducción y edición de Alfonso Cuatrecasas

George Berkeley
385. **Tres diálogos**
Edición de Gerardo López Sastre

Valery Larbaud
386. **Fermina Márquez**
Prólogo de Adolfo García Ortega

Ignacio Aldecoa
387. **El fulgor y la sangre**
Prólogo de José Manuel Caballero Bonald

Gerardo Diego
388. **Antología de sus versos (1918-1983)**
Edición de Francisco Javier Díez de Revenga